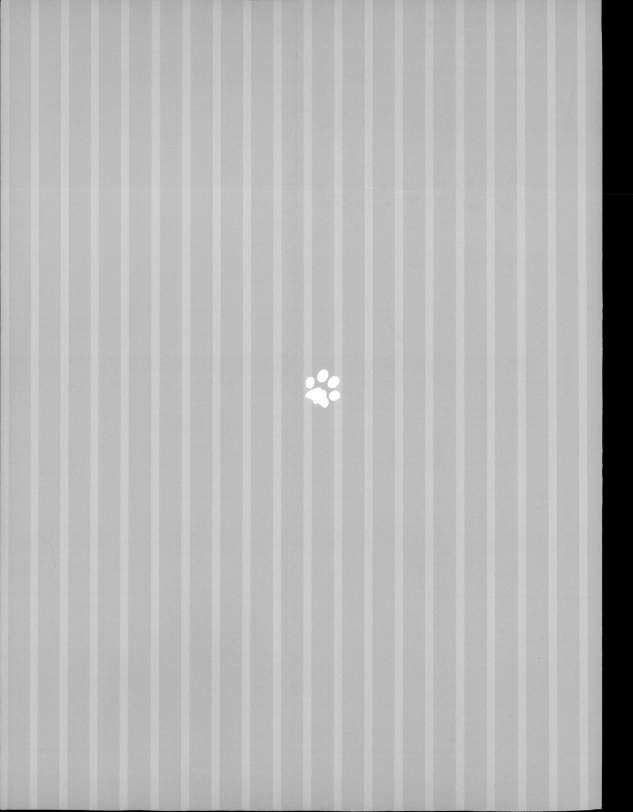

台灣就該這樣玩

作者◎徐小蛋

CONTENTS

基隆市
台北市
台北縣
宜蘭縣
花蓮縣
桃園縣
新竹縣
台中縣
新竹市
苗栗縣
南投縣
台中市
彰化縣
雲林縣

南投 CHE CHENG 車埕

台東縣

嘉義縣

高雄縣

屏東縣

嘉義市

台南縣

高雄市

台南市

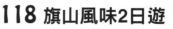

春

夏

秋

冬

台灣，擁有多種類型的好玩景點，不管是海邊踏浪、溪邊戲水、漫步踏青、露營爬山、吹風看景，都能帶給你全方位的體驗與享受，本書不僅提供給你不同天數的行程建議，以及當地的評估指數、玩樂心得、當地資訊、QR Code，並有寶貝的狗言狗語、給狗兒的窩心設施、貼心小提醒等BOX，且在每個單元都有一頁和狗寶貝的回憶錄，可以貼上你與狗兒的親密照，記錄你們的珍貴回憶。另外還有兩個專題，讓你可以更加認識台灣的美。

我們這樣玩+地圖
幾日的行程規畫及遊走路線，還有建議停留的時間，整趟旅程超充實。

寶貝的狗言狗語
最俏皮、最可愛的對話，帶你融入狗世界。

給狗兒的窩心設施
提供給狗兒的貼心設備，帶狗出門也好放心。

貼心小提醒
告訴你需要注意的小事項或是當地的好康。

和狗寶貝的回憶錄
在這裡貼上你和狗兒的親密照，記錄你們最珍貴的回憶。

評估指數
包含該地人潮、孩童、體力、適不適合帶狗等評估，讓你快速掌握當地狀況。

玩樂心得
作者的貼心小叮嚀還有旅途上地小趣味小提醒等。

DATA
地址、電話、營業時間、票價、如何前往等實用資訊。

QR Code
使用手機或平板電腦掃描立刻定位，馬上知道當地交通。

專題介紹
台灣四季風情之旅、台灣步道之旅，帶你領略台灣的美。

主角 2
你是牛

本名：你是牛
小名：牛牛
性別：♀
生日：2003年08月17日 (認養日)
體重：15.64kg瘦身中復胖的少女

　　我是貼心又乖巧的牛牛，因為身上布滿著乳牛色斑點，所以阿母幫我取名為「你是牛」，阿母常常取笑我是披風破掉的偽邊境牧羊犬。我是家裡最讓人放心的小孩，我的個性與世無爭、無憂無慮，只要每天給我好多好多飯與零食，就可以讓我開心。

　　在我的心中，奉行著貴婦守則：能坐就不站，能趴就不坐。但身在一個愛旅行的家庭裡，我假日常常被拖出門玩。其實出門很有趣，可以遇到很多新奇的事物。有時候會在公園裡看到松鼠，我就會緊盯樹上的松鼠們整個下午；有時候看到鴨子在湖中悠游，我就會噗通跳下水跟他們共游。我在家裡扮演很重要的角色，是豬豬與米蘇之間的潤滑劑，我很愛護米蘇弟弟，如果沒有我在中間協調，米蘇早就被豬豬趕出家門了。

這是我夏日戲水的救生衣喔！

　　我很會對陌生人撒嬌，幾乎跟我相處過的人都會喜歡上我，我是家中的撒嬌王呢。如果你不小心伸手摸了我一下，你可就要小心了，因為你必須摸我整整一小時，我才會讓你走。我阿母常說我是「不摸則已，一摸就累人」。我的生活很簡單，除了吃之外還是吃，偶爾陪米蘇玩。而我現在最大的願望，就是跟阿拔阿母到處去玩耍！

主角 3 堤拉米蘇

本名：堤拉米蘇
小名：米蘇
性別：♂
生日：2008年02月18日（認養日）
體重：25kg的健康白白壯漢

　　我是最可愛的小米蘇，也是我們家裡最多人喜歡的小狗！阿母常說大家會喜歡我是因為我白目調皮又搗蛋，喜歡看我搞笑！

　　我是家裡最年輕的小孩，我很喜歡豬豬哥哥與牛牛姊姊。豬豬哥哥雖然對我很兇，但我就是盲目地崇拜且尊敬他，他連兇我的模樣都好帥；而牛牛姊姊真的很疼我，我被罵時她會保護我，而且她也會陪我玩。以前我曾經淪落到收容所裡，甚至差一點被安樂死，是阿拔阿母救我出來，能從收容所出來並且進到一個那麼愛玩的家庭，是很幸運的一件事，唯一美中不足的是，阿拔阿母夏天很愛帶我們去玩水！天呀　我是帥氣的陸犬，不是水狗耶！雖然我運動神經很差又四肢不協調，但我還是一隻適合飛奔在草地上的小狗！為什麼一定要逼我游泳呢？夏天，真是我最討厭的季節了！

　　我的生活每天都一樣，就是要做一些無厘頭的事逗阿拔阿母開心，我是個孝順的小孩，只要看到阿拔阿母開心，我就開心。他們一開心，就會給我吃好的，給我睡好的，還會帶我出門玩。能夠從收容所活著出來，又能擁有現在的生活，令我感到很滿足。而我現在最大的願望，就是跟阿拔阿母到處去玩耍！

我最討厭夏天了！

訓犬師CT 蔡松翰

若你與我同樣熱愛旅遊，那麼一年四季代表的意義可不是冷暖交替、添衣打傘或是花開花落這般簡單的時間遞移而已，初春的櫻花、盛夏的油桐、深秋的楓紅，乃至隆冬的白雪，台灣在不同時節呈現給人們的是不同的面貌、不同的記錄、不同的心情。而對眾狗爸狗媽而言，與狗家人一起分享這春夏秋冬的台灣美景，體會寶島四季的更迭變換，更是不可或缺的生活安排。

徐小蛋與仙草蜜兩家這次公開珍藏的私房景點，讓狗爸狗媽們全家出遊的夢想得以實現，使狗子們面對大片美景而非看門顧家的無奈，說來是動物權的另一種進步。

不過帶狗出門可不是小事，除了特別的住宿與交通安排，還有大大小小的注意事項(例如攜帶他們熟悉的墊子與或毛巾、坐車前禁食禁水、坐車時讓他們被固定住減少晃動等等)，無非就是希望降低狗兒對新環境的不安定感，使成員們都能享受難得的旅程。至於哪些環境改變後會對狗兒產生壓力，請參考本書前言的部份，裡面有更詳細的解說。

隨著觀念進步，主人對狗兒的責任已經從遮風避雨、三餐溫飽這些基本照顧，昇華到心靈層面的滿足，而訓練師存在的目的無非是確保狗兒在複雜的人類社會裡保持心情平和。然而這看似平凡的目標，其實需要飼主付出極大的時間與精神。當初因為動物行為與小蛋一家結緣，深知她對三隻狗子付出的心力之多之高，就連我也自歎弗如，也難怪三隻狗子在她的照顧下愈帶愈好，越來越融入人類社會。若說生在富貴豪門是人類的夢想，那生在徐小蛋家應該是所有狗子們的夢想吧！

給最幸福的狗媽咪徐小蛋，願你們一家永遠快樂平安！

蔡松翰

訓犬師簡歷 CT 蔡松翰

曾赴美取得ACABC授權之CDTI認證，平日是一個普通上班族，假日便化身為業餘馴犬師幫助有行為問題的狗兒與飼主。

公益團體理事長 林文元

和我一起翻開這本書，讓仙草蜜帶領大家游遍天下、跋山涉水，去過他們去過的地方，踏著他們踏過的足跡。乍然發現，台灣這寶島有好多好多地方是可以與寶貝同樂，收拾包包馬上就可以出發。

但是你能想像嗎？遊山玩水的仙草蜜曾經是協助長輩復健的超穩定狗醫生？牠幫助無數的阿公、阿嬤度過快樂的週末清晨，阿公、阿嬤們也因為接觸了仙草蜜，更願意接受治療師安排的復健課程，如果不是親眼見到，你不會相信仙草蜜成為了支持阿公阿嬤的神秘力量。

協會因為有這麼一群像仙草蜜家無怨奉獻的志工，讓狗醫生的價值在各個需要的機構裡展現，透過狗醫生來達到協助服務對象復健、陪伴的目的，突顯了狗狗在各個輔助治療領域的特殊價值，牠除了是一位很好的家人，也是一位可以幫助很多人的狗醫生。

仙草蜜的拔拔媽媽更是用行動證明了這一點，玩樂、服務，讓仙草蜜不只是乖乖在家裡等主人下班的寵物，牠更帶領了拔拔媽媽走入了一個新的世界、自我實踐的機會，相信這些都是很難得的體驗，在幫助別人的同時，自己也得到了回饋，詮釋了另一種生命的意義。

我們常常期待寵物伴侶可以為我們的生活帶來改變及樂趣，但是卻在不知不覺中，我們的生活習慣、處事態度因為有了牠而變得更有價值。為了牠，我們可以很有耐心帶牠出門上廁所；為了牠，可以改變作息，從夜貓子變成愛好戶外活動的健將；也因為牠，我們開始接觸更多弱勢團體，感受到世界上還有一群人需要我們去關心、去付出，這些都是因為仙草蜜帶給我們的另類生活

如果你也開始因為狗狗改變了你的生活，漸漸的你會發現有牠陪的日子是多麼多采多姿，就算是搗蛋了主人也可以很心甘情願地收拾殘局。這些寵物帶給人的神奇效果數都數不盡。但別忘了，今天起牠是你的家人了，請好好的守護牠一輩子。當然，出去玩可別忘了帶牠去喔！

林文元

理事長簡歷 林文元

為現任台灣動物輔助活動及治療協會(台灣狗醫生協會) 理事長，擅長旅遊醫學與動物輔助治療等。

台灣四季風情之旅

春之櫻、夏之桐、秋之楓、冬之雪

台灣真的是個寶島，一年四季有著不同的美景，春天櫻花的粉嫩、初夏油桐五月雪、秋天浪漫的楓紅、冬天雪花的白淨，當然帶著狗寶貝也可以看遍台灣美景，帶著狗寶貝依然可以擁有多采多姿的旅遊生活，走！時節到了，就帶著相機與狗寶貝去享受當季景色吧！

春天櫻花遍滿地

春天時櫻花盛開，無論是嬌嫩迷人的粉紅佳人或是鮮紅艷人的吉野櫻，都為春天帶來最幸福的色彩。不帶著狗狗們去賞花，怎麼對得起自己呢？涼爽的春天，快帶著狗寶貝們賞櫻花吧！

武陵農場

每到櫻花季，人氣指數Top1

看美景不只是人們的專利，狗狗也喜歡用心去欣賞美麗的世界。每到三月，櫻花盛開，無論是嬌嫩迷人的粉紅佳人或是鮮紅艷人的吉野櫻，都為春天帶來最幸福的色彩。武陵農場海拔較高，無論春、夏、秋、冬，走一趟武陵農場，都能令人回味無窮。每年櫻花季時，武陵農場總是人山人海，塞車更是免不了。而上武陵的山路並不好開，豬豬、牛牛與米蘇甚至是我都有點暈車。但是一到武陵，高山上的清新空氣立即讓三隻狗寶貝們一掃暈車之苦，露出超甜美的笑容。

櫻花海下，人狗綻放開心笑容

進入武陵農場看到櫻花海的那一刻，我們感到所有舟車勞頓的辛苦都是值得的。武陵農場裡的櫻花呈現區域性綻放，牽著

狗寶貝們走在下面感受其壯觀秀麗的景色，風吹來時，會落下一陣櫻花雨，花瓣撒落在身上的那刻相當浪漫。雖然武陵農場人很多，但大部分的遊客都集中在某些特定地點。所以仔細尋找，還是可以覓得讓狗寶貝們玩耍的地方，看著狗寶貝們在櫻花樹下玩耍的畫面，真令人感到好幸福。武陵農場內的櫻花與茶園，也形成了強烈的對比！若老天賞臉，藍天白雲搭配上美麗的櫻花，更是令人與狗同時醉倒在這美景下。

在櫻花樹下的豬豬哥好帥氣；在櫻花下的牛牛姊姊好可愛；但意外的是，在櫻花下拍照的米蘇卻顯得很不開心，就我對他的了解，或許他那顆小腦袋中應該是在想：「如果這些櫻花都是一棵一棵的零食的話，那該有多好呀！」三月，櫻花盛開，全台的花兒真的開得太囂張！不帶著狗狗們去賞花，怎麼對得起自己呢？涼爽的春天，快帶著狗寶貝們賞櫻花吧！

地區	賞櫻推薦地
北台灣	淡水無極天元宮 ✉ 淡水鎮北新莊三段30號
	烏來瀑布路
	陽明山賞櫻
	北投復興三路白宮山莊 ✉ 北投復興三路201巷口
	三芝鄉山林之中 http www.sanchih.tpc.gov.tw/sakula/map.htm#
	木柵賞櫻、祈福指南宮
中台灣	桃園復興鄉桃源仙谷 ✉ 桃園縣復興鄉長興村上高遠8鄰5號之1
	九族文化村
	苗栗南庄獅頭山
南台灣	南投霧社賞櫻風景區 ✉ 南投縣仁愛鄉台14甲線
東台灣	阿里山賞吉野櫻
	宜蘭玉蘭茶園 ✉ 宜蘭縣大同鄉松羅村玉蘭路

夏天古道賞油桐

五月時，天氣正是舒服，就算只單純走古道，也非常舒適，這麼美的五月雪花，怎能只由主人自己獨享？當然狗寶貝們也要一起欣賞五月雪。趕緊把握時機帶著狗寶貝們賞桐花去吧！

小粗坑步道

沿路、溪流桐花遍布

五月時，除了苗栗外，最著名的就是小粗坑步道的油桐花，小粗坑是溪流的名字，沿著小粗坑溪溯溪而上的古道，是以前當地居民運送物資必經之地，興建石門水庫之後，淹沒了許多田園屋舍，居民紛紛遷移，古道因此逐漸沒落。油桐花盛開時，大自然在沿路的兩旁都鋪滿了桐花，旁邊的小油桐溪流裡也是桐花滿布，隨處可見桐花飄落地面、水面，總是不斷地讓人讚嘆～好美！

我最愛最愛
大家了～

這麼美的五月雪花，怎能只由主人自己獨享？當然狗寶貝們也要一起欣賞五月雪。這天我們家去賞油桐花時，乖巧的牛牛一出現馬上被遊客包圍。牛牛就這樣乖乖的坐著讓遊客們幫她妝點，大家紛紛要跟牛牛合照！五月時，天氣正是舒服，就算只單純走古道，也非常舒適，趕緊把握時機帶著狗寶貝們賞桐花去吧！

地區	全台賞桐好去處
北台灣	桐花公園、承天禪寺步道
	烏來瀑布路
	永碇國小、汐碇公路(土地公廟一路延伸至光明寺)
	深坑古道、阿柔村公館
	貓空山區、木柵樟湖步道
	百吉林蔭步道、御成路古道、打鐵寮古道、大艽芎古道、齋明寺古道、永福龍山寺古道、金面山古道
	鳶山銅鐘、桐花大道
桃竹苗	小粗坑古道 ✉ 桃園縣龍潭鄉高平村粗坑2鄰
	獅山古道、六寮古道、水濂橋步道、藤坪步道 ➡ 頭份交流道下至124縣道接台三省道，依照指標前往獅頭山遊客中心
	夢幻桐花步道
	油桐花坊 ✉ 苗栗縣公館鄉福德村福德路35-3號
	大窩文史生態區步道 ✉ 苗栗縣大湖鄉大窩橋
	四月雪賞桐步道、挑柴古道、挑炭古道、外庄山桐花林道
中台灣	四角林林場步道 ✉ 台中市東勢區東新里勢林街1號
	鳳凰山步道
	彰化市福田里維新路、花壇鄉大山牧場、八卦山稜線步道、東外環賞桐步道、桃源里森林步道、四百崁登山步道、挑水古道、藤山步道、臥龍坡步道
宜花東	大同玉蘭村桐花登山步道、南澳南溪桐花登山步道、礁溪林美石磐步道、員山貢仔子湖桐花步道
	日光步道 ✉ 花蓮縣吉安鄉中山路底

秋天楓景最浪漫

到了秋天，怎能錯過滿地楓紅呢？在台灣地區，福壽山以及大雪山的浪漫風景，讓你百看不厭！狗寶貝們，每年我們都帶你來看楓紅好嗎？

山上真的會冷耶！

1

大雪山
一探隱身觀景台的整片楓紅

除了福壽山外，大雪山也是看楓紅的好地點！大雪山位於台中縣和平鄉海拔自2,000公尺至2,996公尺之間，面積約3,963公頃，大雪山原始環境保持良好，擁有豐富的鳥類生態，馬路上有鳥類出沒，像當天我們就運氣很好的與一隻帝雉巧遇，因此開車要特別留意。每年秋季都會找機會拜訪，除了欣賞美麗的山景之外，更是要一探楓紅羞澀的美麗。

由於事前沒做功課，傻傻付了門票錢和停車費入場後，一下車被迎來的寒風給冷到了，因此要來大雪山追楓的人，一定要穿著保溫衣物，不要像我們傻傻的，另外因為沒做功課，也不知要往哪兒

2

這楓紅比我的毛還少耶！

走？停車場附近只能拍到枯黃的景色。喔！我的楓紅啊！該不會無法到達了吧！

賞楓有捷徑 🐾

一位阿姨告訴我們比較輕鬆的步道，於是我們沿著她指的方向前行，但她口中的輕鬆步道其實走起來也不輕鬆，隨便走走去程也要上坡快2小時，回程下坡將近1小時。邊走邊觀察大家，發現大家又是登山杖又是登山包的，哪像我們台北

來的土包子樣啊，什麼都沒準備！出發前，阿姨還交代記得帶著開水和乾糧，小心山上失溫喔！這……我們還該繼續前進嗎？

但是為了楓紅，仙草蜜，我們出發吧！這兒的沿路一點兒驚喜也沒有，只有不斷的上坡再上坡，真的很累，累到我一度想放棄！好不容易看到了一丁點楓紅，可惜面積不大，沿路上零散的楓紅，一直打擊我的信心。

不甘心的我們再往景觀台走，標高2,307公尺，再爬上5樓的景觀台，這5樓的景觀台，連我們沒有懼高症的人走起來都有點害怕，反倒是單純的狗寶貝都沒在怕的，阿蜜傻乎乎的在景觀台上跑來跑去，一點恐懼的感覺都沒有。仙草蜜的運氣很好，靠著可愛無辜的臉蛋跟遊客們騙吃騙喝的，還遇上山友大哥給她水和饅頭吃。

過了景觀台，我們又要往下走，很久沒運動的我們，真的有點腿軟了，走得我氣喘吁吁的！只是沒想到，約莫往下走100公尺左右，走在前方的蜜阿拔傳來奸笑聲！我連忙跑過去看，天啊！眼前的美景～美呆了！辛苦果然是有代價的，阿蜜，每年我們都帶你來看楓紅好嗎？

1 狗狗上山也要記得保暖喔
2 萬紅中的黑阿蜜特別醒目
3 一開始只有看到零散的楓紅，讓人一度想放棄
4 再接再勵不放棄前行
5 YA！用體力換來眼前的一片美景
6 很高的景觀台，挑戰過後便可看見傳說中的整片楓紅喔

福壽山
紅黃交錯的加拿大楓情

福壽山農場位於台灣合歡山與雪山群峰間,海拔高1,800公尺至2,614公尺,當年是由退除役官兵,一步一腳印自谷關徒步前往發現開墾,經歷多個寒暑成就現在規模,每到秋天,福壽山可是一堆人搶著上來追楓,而到福壽山拍楓不是攝影人的專利喔!我們也帶著寶貝阿蜜前來賞楓,這是我們心裡夢想許久的福壽山農場,閒來無事還可以到鴛鴦湖楓葉道晃晃。

不知道阿蜜懂不懂得欣賞楓葉的美呢?不管阿蜜懂不懂,我都打算帶他看遍台灣的四季美景了!告別了人多的松廬後,可以轉到天池,這裡的氣溫爆冷的啦,一路抖抖抖。但是由天池往下眺望露營區,哇!感覺真是美呆了,即使冒著冷風,看到這美景也值得了。

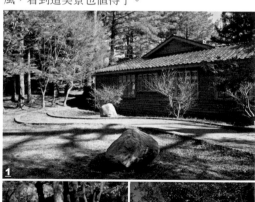

1 山下的風景就已經很迷人了
2 準備上山尋楓囉
3 約定好每年都要全家一起來賞楓
4 福壽山任阿蜜遨遊
5 令人沉醉的楓紅

地區	賞楓推薦地
北台灣	陽明山國家公園
桃竹苗	石門水庫 ✉ 桃園縣龍潭鄉佳安村佳安路2號
	桃源仙谷 ✉ 桃園縣復興鄉長興村上高遠8鄰5號之1
	達觀山(拉拉山)自然保護區 ✉ 桃園縣復興鄉東南的華陵村
	馬那邦山(馬拉邦山)(苗栗縣大湖鄉、卓蘭鎮與泰安鄉的交界處)
中台灣	福壽山農場 ✉ 台中縣和平鄉梨山村福壽路29號
	武陵農場 ✉ 台中縣和平鄉武陵路3號
	大雪山 ✉ 台中市和平區大雪山林道43公里
	奧萬大森林遊樂區 ✉ 南投縣仁愛鄉親愛村大安路153號
	阿里山國家風景區 ✉ 嘉義縣番路鄉觸口村觸口3-16號
宜花東	太平山森林遊樂區 ✉ 宜蘭縣大同鄉太平村

冬天白雪好紛飛

白雪皚皚的山脈，沒想到台灣也有。台灣那裡可以看雪？這就要看雪神降臨何處。把握每年下雪的時機，在年底跟上踏雪的腳步，帶著狗寶貝們踏雪去吧！

合歡山

冬季踏雪絕佳勝地

趁著半夜由台北出發，早上7點，我們終於抵達合歡山，想在年底跟上踏雪的腳步。合歡山是台灣多季賞雪勝地，非常謝謝老天爺賜給我們的晴空萬里，讓我們趁著好天氣一睹台灣雪地風采，讓我們一飽眼福。過了武嶺，我們選擇在合歡山莊踏雪，相對來說這裡遊客少了一些。

往合歡東峰的樓梯，大部分被雪覆蓋，有一點點難走，一家三口裡只有阿蜜健步如飛，我和蜜阿拔兩個人則亦步亦趨的跟在阿蜜身後，深怕跌個人吃雪啊！台灣的雪景很難得，更顯得珍貴。把握每年下雪的時機，帶著狗寶貝們踏雪去吧！

台灣那裡可以看雪？這就要看雪神降臨何處，別忘了冬天隨時注意降雪資訊囉！

> 雪兒，我來啦～～

1 前方的建築物為松雪樓，沒想到我們也能走那麼高
2 黑的發亮的阿蜜與白雪呈現對比
3 由合歡東峰的階梯上山踏雪
4 阿蜜在雪地中健步如飛

合歡東峰
Hehuan East Peak

台灣步道之旅

遠離塵囂，享受森林浴

不僅人要做森林浴，狗狗們也要。假日無法安排較遠的行程時，最好的辦法就是找個離家不到1小時車程的地方，來個小小的健行之旅。有時候只需安排一條步道慢慢走，不需要很多行程，就可以有簡單的幸福，不但得到與狗寶貝之間珍貴的回憶，更可藉由健走讓主人與狗寶貝們更健康。

金瓜寮溪觀魚蕨類步道

蕨類清新天然的豐富山城

坪林是個遊憩資源相當豐富的山城，多年來水源環境保護非常嚴謹，使得這片青山綠水保有原始的風貌。其中觀魚蕨類清新天然美如畫，步道水氣豐沛、長滿茂密的蕨類植物，沿途有自導式的解說牌。觀魚蕨類步道一共有兩段，第一段位於金瓜寮產業道路5.5公里處，整段步道大約20分鐘便能走完，步道會接回金瓜寮產業道路；另一段則落在6.6公里處，此段的蕨類步道較為優美。

我們由6.6公里處的「觀魚蕨類步道」標誌前小階梯可以通往溪谷，階梯有點小，行走時要特別小心，但步道本身路面平緩，沿路沒有什麼陡坡，走起來非常輕鬆無負擔。沿途都可聽見溪流的潺潺水聲，米蘇總是害怕的看著溪流再看向我們，很怕我們又帶他下水游泳。

北宜高速公路通車後，許多人忘了坪林之美，也吝於拜訪這處台北近郊的美麗天堂，但卻意外保存了金瓜寮溪完整的天然景觀，這裡有數不盡的美景，正等待您來發掘！

1

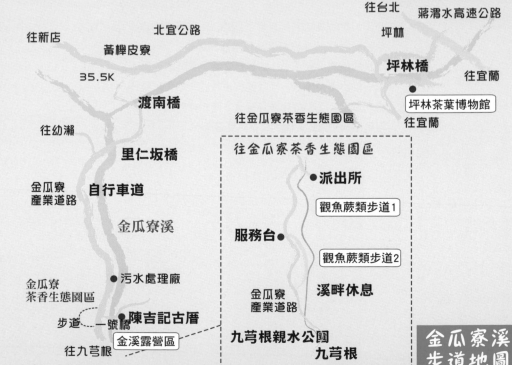

往台北　蔣渭水高速公路
北宜公路　　坪林
往新店　　　　　　　　　往宜蘭
黃櫸皮寮　　　　　　　　坪林橋
35.5K
　　　　　　　　　　　坪林茶葉博物館
渡南橋　　　　　　　　　往宜蘭
　　　　往金瓜寮茶香生態園區
往幼瀨
里仁坂橋　　　　往金瓜寮茶香生態園區
金瓜寮
產業道路　自行車道　　　●派出所
　　　　　　　　　　觀魚蕨類步道1
金瓜寮溪
　　　　　　　　服務台●
　　　　　　　　　　觀魚蕨類步道2
金瓜寮
茶香生態園區　●污水處理廠　溪畔休息
　　　　　　　金瓜寮
步道　一號橋●陳吉記古厝　產業道路
　　　　　金溪露營區
　　往九芎根　　九芎根親水公園　　金瓜寮溪
　　　　　　　　　　九芎根　　　　步道地圖

034

1 6.6公里處的階梯
2 用力的吸取芬多精
3 一路上潺潺的流水
　聲相伴著我們前行
4 沿路都有解說牌說
　明植物特性

●評估指數 ▊▊▊▊▊▊▊▊▊▊　☺玩樂心得

人潮出現指數：🦴🦴🦴🦴🦴
孩童出現指數：🦴🦴🦴🦴🦴
體力消耗指數：🦴🦴🦴🦴🦴
適合帶狗指數：🦴🦴🦴🦴🦴

觀魚蕨類步道是非常鄰近台北的優質步道，很值得一探。

◆DATA

✉ 新北市坪林區金瓜寮產業道路
🕐 全天
➡ 國道5號下坪林交流道，接台9線往宜蘭方向，於黃舉皮寮站彎進金瓜寮產業道路，沿著金瓜寮產業道路走，於6.6公里處後便可以停車

經緯度

24.930926,121.691694

三峽滿月圓

四季都有的森林溪流瀑布

滿月圓森林遊樂區坐落於三峽鎮的山區，溪流資源豐富，植物種類多且富變化性，一年四季都可以觀賞森林、溪流、瀑布景致，因此非常受到大家喜愛。滿月圓裡真的很漂亮，一走進來就感到一陣涼意撲面，這裡的負離子是全國第三高，距入口處不遠，有一個木造平台，在這裡先觀察一下環境，原來這裡不僅靠山而且近水，難怪可以如此涼爽舒適。

往前走不久就會出現叉路，一條是自導式步道，一條則是比較平緩的路。由於我們家有著膝蓋韌帶不好的賴老爺與豬豬哥哥，考慮到慢慢上樓梯(指平緩的樓梯)可以加強腳部肌肉與強度，而下樓梯則負擔太大，因此決定去程走自導式步

不行

不能讓我自己去跑跑嗎？

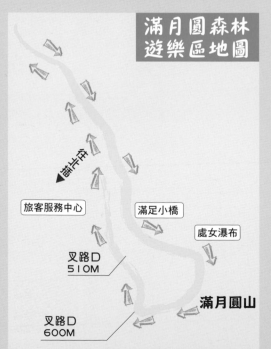

滿月圓森林遊樂區地圖

旅客服務中心

滿足小橋

處女瀑布

叉路D
510M

叉路D
600M

滿月圓山

道，回程走平緩的路下山。

我們家這三隻狗寶貝們，出門常常黏在一起，連走路也要緊貼在一起。但是在家裡就總是吵吵鬧鬧的看彼此不順眼，究竟你們感情是好，還是不好呢？不過我想這樣子的吵鬧，才是真正的兄弟姊妹吧！

探訪處女瀑布

這裡的樹木都有年紀了，看到路上交錯的樹根，就覺得大自然好奇妙。但同時也要注意不要被腳下的樹根絆倒。大概走1個小時左右，就會到達滿月圓瀑布，滿月圓瀑布讓我有點小小失望，水流很小，而且旁邊的樹木似乎一陣子沒整理。因此沒有

3

4

停留很久，就決定繼續往裡面走，探訪處女瀑布。

　　雖然走向處女瀑布的路愈往裡面愈難行，但還是無法阻止我們前行的決心。從滿月圓瀑布往處女瀑布方向走，不到20分鐘就可抵達處女瀑布！處女瀑布這裡有三層樓的觀瀑涼亭，瀑布水量較大且壯觀，也整理得較美觀。

　　由處女瀑布往回走，如果選擇自導式步道做爲回程的路，約半小時就可以回到出口！滿月圓是個很舒服的地方，路也不會很難走，是台北市近郊非常適合帶狗寶貝健行的好地方！

我們三個其實感情很好～

5

6

1 奧咖二人組，互相扶持對方慢慢上樓梯
2 沿途設有椅子可以休息，走走停停邊玩耍邊拍照，相當享受
3 往處女瀑布的路越來越小
4 處女瀑布氣勢磅礴
5 你們三個有必要這麼黏嗎
6 有人看的出來平常在家中這三隻總是看彼此不順眼嗎

● 評估指數 ‖‖‖‖‖‖‖‖‖‖‖

😀 玩樂心得

人潮出現指數：🦴🦴🦴🦴🦴
孩童出現指數：🦴🦴🦴🦴🦴
體力消耗指數：🦴🦴🦴🦴🦴
適合帶狗指數：🦴🦴🦴🦴🦴

滿月園步道有許多條路線，最長的可通到東眼山，請依同行者的體力與時間選擇路線喔！

🔽 **DATA**

✉ 新北市三峽區有木里174之1號　📞 (02)2672-0004
💲 平日：全票80元，半票50元，優待票10元
　　假日：全票100元，半票50元，優待票10元
🕐 07:00～17:00
➡ 從國道3號三峽交流道下，走110縣道接台3線，於大埔轉台7乙線，過湊合橋後轉北114鄉道，再接北115道，可抵達滿月圓

經緯度

24.836265,121.445045

加九寮步道

坐落在紅橋與復古涼亭上

加九寮人行步道全長2,100公尺，是條很親和的步道，適合一般人來挑戰。入口處有一座由木頭打造的涼亭，鮮紅的橋與復古的涼亭，形成微妙的對比。另外提醒，入口處的窄小階梯很容易被忽略，所以要注意路上的指標，通過了小小的階梯，走不到100公尺經過幾戶民宅後，就會進到步道！

加九寮步道的沿路都有竹籬，很安全，且這邊的自然生態非常豐富，可以看見形形色色的樹木與植物。兩旁樹蔭自然相接而形成的小樹隧道、木造小橋與清涼的潺潺流水，都讓人心曠神怡。值得一提的是，加九寮步道的終點過個橋即為烏來老街，走完步道還可到老街大快朵頤一番。

廣闊的攔沙壩，游泳最舒爽

加九寮除了可以健行之外，更是一個優質游泳地點！游泳的地點與步道地點不同，過了加九寮的紅橋繼續開到底，看到淨水廠的入口後往上走，約5分鐘後有叉路再往右。加九寮有三個攔沙壩，往攔沙壩的路不好走，阿蜜這次的戲水路格外艱辛，不過也因為路不好走，而避開了不少人潮。

1 醒目的紅橋
2 這顆可愛的黑水餃自己不斷地跳下鍋
3 豬豬都會貼心的回頭看我有沒有跟上
4 出門玩的笑臉總是特別可愛
5 老樹木圍成的小隧道
6 啊～真的好清涼呀
7 紅綠相映，非常好找的地點

加九寮步道地圖

攔沙壩
仙草蜜玩水的攔沙壩
加九寮溯溪
攔沙壩
攔沙壩
加九寮溪
紅河谷越嶺古道
往烏來瀑布區
(停止收費)
紅河谷污水處理場
南勢溪
收費亭
小隧道
小隧道
加九寮步道
加九寮拱橋
往烏來瀑布區
台車站
(台九甲)
新烏路
觀光大橋
烏來水壩
紅河谷吊橋
(封閉中)
往新店
攬勝大橋
加九寮站
烏來商店街
烏來公共停車場
成功站
往孝義／桶后
桶后溪

下黑狗
水餃囉~

阿母你走快
一點啦！

2 3

4

涼！

5 6

7

●評估指數 |||||||||||||||||||||

健行步道

人潮出現指數：🦴🦴🦴🦴🦴

孩童出現指數：🦴🦴🦴🦴🦴

體力消耗指數：🦴🦴🦴🦴🦴

適合帶狗指數：🦴🦴🦴🦴🦴

攔沙壩

人潮出現指數：🦴🦴🦴🦴🦴

孩童出現指數：🦴🦴🦴🦴🦴

體力消耗指數：🦴🦴🦴🦴🦴

適合帶狗指數：🦴🦴🦴🦴🦴

😊 玩樂心得

健行步道設置不
錯，但車若是停在
紅橋的話，需要原
路折返取車；攔沙
壩雖然很優，但路
上偶爾有蛇出沒，
要格外小心。

💠DATA

✉ 新北市新店區烏來鄉　🕐 全天

➡ 開車往烏來約11.5公里處的公車站牌附近有產業道路(加九寮
路)，往溪谷方向約800公尺，可
看見跨越南勢溪的紅河谷吊橋
(現已封閉)。續行至前方的加九
寮拱橋(路旁可停車)。過橋後，
繞過一彎道，即可看見民宅階梯
有「加九寮步道」指標。上樓梯後
左轉，通過幾戶民宅，即可抵達
加九寮步道入口

經緯度

24.884616,121.540517

拉拉山(達觀山自然保護區)

漫步巨木步道，吸收芬多精

群山環繞，風光秀麗的拉拉山，是健行、旅遊、欣賞大自然景觀之首選。國有林區內之檜木成林，特選22株巨木闢建步道銜接供民眾參觀，為一絕佳之森林浴場及自然保育天然教室。就讓狗寶貝們來奮力地跑山，鼻子全開吸取芬多精吧！根據大家的分享經驗，只要把5號神木留著最後走就不會鐵腿。

神木群步行全程約需90分鐘左右，非常適合清晨或是傍晚全家大小散步，一面欣賞神木，一面呼吸自然的芬多精。路上遇到「橫波臥龍」，想想中國文學真是挺奧妙的，蜜阿拔問：這要怎麼翻譯？答案不就是倒下來的樹和小溪嗎！那麼小溪剛剛好給阿蜜泡腳用。

一路很悠哉的走，隨性的邊走邊泡水，整體感覺良好，遊客都滿和善，對狗也很友善，算是較小型、玩起來很輕鬆的森林區。

1

拉拉山神木位置圖

2

有人看的到
我嗎？

橫波臥龍

1 具有中國文學氣息的小地方
2 除了游泳外，阿蜜也很喜歡走步道
3 看的到阿蜜嗎
4 清晨健行是最好的時機

●評估指數

人潮出現指數：
孩童出現指數：
體力消耗指數：
適合帶狗指數：

😊 玩樂心得

拉拉山中午有管制，建議早點上山
或提早入住附近民宿。

◆ DATA

✉ 桃園縣復興鄉華陵村7鄰29號
☎ (03)391-2761
💲 全票100元，半票50元
　　停車費：大型車100元／輛，小型車 50元／輛，機車10元／輛
🕐 06:00～17:00
➡ 1.國道1號中壢交流道下，循中豐路至大溪，轉北
　　　橫抵達下巴陵，左轉沿道路上行至上巴陵後即
　　　可到達拉拉山
　　2.國道3號三鶯交流道下，接北橫經復興抵下巴
　　　陵，左轉沿道路上行至上巴陵後即可到達拉拉山

經緯度

24.663965,121.434190

北台灣篇

露營踏青戲水踩浪最奔放

→ 北部與東北部有很多適合帶狗旅行的地點，東北角適合玩水，但夏天時旅客很多，不適合帶狗旅行，選擇初春或初秋的時節最適合。而台北市與新北市近年來公園綠化成功，於內湖、板橋與新店都設立專屬的狗公園，可讓狗兒盡情奔跑。歡迎大家一起來發掘這些玩水地點與公園。旅行經過北部時，不妨放慢腳步停留片刻吧！

我們
這樣玩

建議停留3小時

遠望坑親水公園

龍門露營區

建議停留1.5天

建議停留2小時

芝茵咖啡館

DAY 2　福隆海水浴場

建議停留3小時

DAY 1
出發

返家

東北角 → 2日遊

沙灘戲水，體驗露營野趣

雙溪公路

貢寮火車站 **1**
宜蘭線鐵路

芝茵咖啡館

北部濱海公路

龍門露營區 **3**

福隆海水浴場 **4**

2 遠望坑親水公園

福隆火車站

第①站

融入美景的最佳觀景台
芝茵咖啡館

芝茵咖啡館正好位於雙溪通往貢寮鄉的美麗路段上，擁有美麗的青山與鐵路，也有寬闊的視野，坐在芝茵咖啡館遠望景色，猶如欣賞一幅美麗的畫作。從台北出發到福隆途中，會經過芝茵咖啡館，相信坐了很久的車，主人跟狗兒都腰痠背痛了。不妨就在這裡休息片刻後再繼續前進，也讓狗兒們下車透透氣。芝茵咖啡館我們已經來過好幾次了，一直想要介紹給身邊的人。想要特別介紹，是因為老板娘相當親切，對人和動物都非常友善。

特別為單車客設的自行車架

貼心提供自行車架

這裡也是賴老爺練習騎車與跑步的私房景點，第一次來的時候芝茵咖啡館前是一片空地，我們騎完車就將自行車放在空地上，再繼續去跑步。當時老板娘非常大方的借我們使用場地，而且也十分熱情的招待我們，當然，老板娘也非常喜愛我們家的狗寶貝們，總是帶著微笑跟他們打招呼。約莫2個月後，我們第二次來到芝茵咖啡館，發現這邊有些不一樣了，咖啡館外竟然多了自行車車架！老板娘說她看我們上次來時，都將自行車擺放在地上，所以特地做了自行車架，真的讓我們感到非常貼心！這個自行車架直到目前都還提供給來往的環島旅客或假日騎自行車的遊客使用。

 DATA

●評估指數

人潮出現指數：	
孩童出現指數：	
體力消耗指數：	
適合帶狗指數：	

😊 **玩樂心得**

芝茵咖啡館位於馬路旁，平常車子不多，但因地形平坦所以車速很快，要小心顧好狗寶貝。

✉ 新北市貢寮區長泰路17-2號　📞 (02)2494-2426

🕐 只有假日營業

➡ 1.由台北往東方向：國道5號石碇交流道下接106縣道，台2丙往福隆方向，過雙溪路段路邊右側可見

2.由宜蘭出發：沿台2線濱海公路至福隆，接上台2丙，抵雙溪前左側可見

經緯度

25.020256,121.907655

坐落在美麗青山旁的芝茵咖啡館

人超好的老板娘

讓人賴著不走的戶外庭園

芝茵咖啡館的左右兩邊各有一塊大小適中的草坪。右邊的草坪比較平坦，可供遊客停車或烤肉；左邊的草坪則有小造景，讓狗寶貝們盡情玩耍。芝茵咖啡館的座位陳設非常簡單，一律是戶外式的。但別以為在外頭吹不到冷氣會感到炎熱，這裡可是相當涼爽！雖然太陽下的溫度很高，但是我與狗寶貝們坐在芝茵咖啡館裡還可吹到涼風，非常舒服！

芝茵咖啡館旁邊有一條產業道路，左轉進去後可以繞一圈出來，距離大約5公里，非常適合騎單車或帶狗兒散步。夏日時，在這邊待上一個下午，點一壺冰冰涼涼又微酸的水果茶解渴，待時間接近傍晚較涼爽時再沿著產業道路散步，極為享受愜意！

我在曬乾，我阿木他們在涼亭裡聊天說八卦喔～

第一天 第②站

鄰近草嶺古道入口的幽靜公園

遠望坑親水公園

快到福隆之前，不妨先停留在草嶺古道北端入口處的遠望坑親水公園吧！遠望坑位於四面環山的幽靜谷地中，清澈的溪水蜿蜒流經此處，加上修剪得十分乾淨的草坪，非常適合短暫的休憩。公園占地不大，但遊客不多，所以不會有擁擠的感覺，反而有股輕鬆自在感。

溪邊戲水、乘涼，好滿足

除了停車場入口處有平坦的草坪可以讓狗寶貝們奔跑之外，沿著河道前行，還可以發現玩水地

點，無論是踩踩水或是游泳都很不錯。狗兒們很容易滿足，只要出門踏青就很開心，好像得到全世界一般。這一刻，遠望坑親水公園對我們家狗寶貝來說，就是全世界！

停車場涼亭旁的溪邊，是水深較淺的地方，這裡用石塊圍成一區一區的，平時會有小朋友來這邊玩耍。沿著石頭步道繼續往裡面走，可以發現深水區，也是可以讓狗寶貝們游泳的好地方。跑步或是游完泳後，可以坐在遠望坑的涼亭聊天休息，風吹來好涼好舒服！

●評估指數

人潮出現指數：🦴🦴🦴🦴🦴

孩童出現指數：🦴🦴🦴🦴🦴

體力消耗指數：🦴🦴🦴🦴🦴

適合帶狗指數：🦴🦴🦴🦴🦴

😊 玩樂心得

遠望坑親水公園位於貢寮區草嶺古道的北端入口，若是體力好，不妨也朝草嶺古道邁進吧，走訪全程約需花費半天時間。

📧 新北市貢寮區遠望坑草嶺古道入口

🕐 全天

➡️ 從台北國道1號八堵交流道下，經過瑞濱公路，接台2線濱海公路至福隆，沿指標而行即可到達

🔽 **DATA**

經緯度

24.993249,121.924108

第一天

第❸站

望山看海，體驗營地活動
夜宿龍門公園

離開遠望坑親水公園後，即可直接前往龍門露營區這個綜合露營活動及水上遊憩的自然勝境，在不影響其他旅客情況下，狗狗的行動不會被限制。我們家的狗兒只要一到龍門，總是跑到累癱才甘願。龍門裡的自行車道設置完善，可以帶著狗狗沿自行車道散步，慢慢享受龍門美麗的山景與海景。

龍門露營區跟小木屋都可以帶狗狗一起住宿，想要親近大自然，露營是很好的選擇，沒有露營配備也沒關係，龍門露營區有出租服務。通常喜歡露營的都是喜好大自然的人，對於動物的接受度也很高，我們在這邊露營過幾次，發現不時會有遊客主動過來找狗寶貝們玩。

清幽小木屋，適合來放空 🐾

除了露營外，龍門裡的每座小木屋都大到可讓狗狗們滾來滾去。雖然小木屋離中央草坪較遠，卻恰好可避開人群，享受寧靜放空的時光。小木屋內提供的東西很簡單，只有冷氣、睡墊與毛毯。沒有電視的干擾，可以多一點時間陪著狗寶貝玩耍，或是帶著一本書來此閱讀，好好享受生活。

你們這樣看我吃飯，我壓力好大呀！

● 評估指數 ▐▌▌▌▌▌▌▌▌

人潮出現指數：🦴🦴🦴
孩童出現指數：🦴🦴
體力消耗指數：🦴
適合帶狗指數：🦴🦴🦴🦴

😊 玩樂心得

龍門小木屋提供薄毯棉被，若是喜歡蓋厚被子或是較怕冷的人，別忘了自己攜帶被子來喔！龍門露營區裡不可以用木炭烤肉，只能使用瓦斯爐。不想烤肉的人，可以先買好福隆便當後，再進龍門內享用。

▼ DATA

✉ 新北市貢寮區福隆村興隆街100號
📞 (02)2499-1791～3　🕐 08:00～17:00
💲 全票70元，半票50元(非假日40人團體優待)
➡ 1.從台北國道1號八堵交流道下，經過瑞濱公路，接台2線濱海公路至福隆，沿指標而行即可到達
　 2.從基隆市區經中正路、北濱公路台2號往宜蘭方向，過龍洞、澳底、鹽寮後即抵達

經緯度

25.018793,121.938596

3

4

5 出門玩最棒了

舒服到翻肚子

舒服！

1 約半小時就到海邊囉
2 一群好奇的小孩子
3 B區小木屋
4 露營區汽車營位
5 每次來都是如此自在
6 自行車道，準備去看海

救命呀！
哥哥姊姊聯手
欺負我！

抖抖

6

北部戲水好去處

北部的冬天雖然總是陰雨綿綿，但夏天的太陽則是非常樂意出來露臉，所以夏日的北台灣，非常適合玩水。北台灣玩水的區域非常多元，沙灘、溪流或湖畔，只要做足功課就可以找到好玩的玩水地點。尤其是北海岸的美麗景致，更是等著飼主帶狗兒們一同去發掘。

踏浪在金黃沙灘的幸福
三芝淺水灣

我像不像日本武士呀？

三芝的淺水灣位於北海岸眾多景點的中心位置，海灘呈彎月形，別具特色。趁著早上天氣還涼爽時，可先直奔淺水灣戲水。站在淺水灣這兒看海，享受那大得刺眼的陽光、與金黃亮眼的沙灘，是假日時很值得一做的事。不過我們來的這天天氣稍嫌炎熱，所以只跑了不到幾公尺，狗寶貝們就連忙躲太陽去了。

除了在沙灘上奔跑外，淺水灣也是一個很適合玩水的地方，充飽電的阿蜜每次來到這裡總是迫不及待跳下水，同時激起好大水花。如果在沙灘上，小狗不小心被挖土機上身，就讓他們盡情地去挖吧，挖得自己滿身沙也沒關係。看著他們快樂，我們也快樂，一切煩惱就等玩狗後再說吧！

😺 給狗兒的窩心設施

超便宜的沖水間

游完泳後淺水灣這裡設有沖水間，20元就可以將狗狗沖乾淨，沖完水後附近剛好也有大草坪可以晾毛加跑跑，就不用擔心狗狗把沙子帶上車囉！

挖土機上身，不斷的挖挖挖，挖得滿臉都是

●評估指數 ‖‖‖‖‖‖‖‖‖‖‖‖‖

人潮出現指數：🦴🦴🦴🦴🦴
孩童出現指數：🦴🦴🦴🦴🦴
體力消耗指數：🦴🦴🦴🦴🦴
適合帶狗指數：🦴🦴🦴🦴🦴

😊 玩樂心得

海邊從早上8點開始的太陽就有點曬，要多注意補水，盡量早點來玩耍喔！

◆DATA

✉ 新北市三芝區北勢子45-12號
🕐 全天
➡ 台北循台2縣至淡水，再續行約16.1公里可抵淺水灣（備大型停車場）

經緯度

25.255127,121.474362

溪水清涼，夏日消暑勝地

三芝八連溪共榮社區天然泳池

八連溪的水源來自大屯山系，水質清澈冰涼，夏日戲水極為消暑。而三芝八連溪天然游泳池是當地共榮社區發展協會所建造，用大石圍出四個泳池，每個面積都相當大，保證狗寶貝們可以盡興遊玩。若真的要說，這裡唯一的缺點就是石頭太多不好走，而且這裡的路面也均為大粒圓石子堆砌而成。

> 有得游泳我就很開心

1 清涼的八連溪天然泳池　2 安全的玩水區域
3 有水玩就笑得很開心的阿蜜

建議早上前來，遊客較少

八連溪天然泳池旁種滿了兩排茂密的樹蔭，不用怕大太陽日曬，並沿溪畔樹蔭下規畫一條長長的烤肉休憩區，可供遊客戲水兼烤肉。阿蜜一家曾來過好幾次，發現這裡不僅遊客眾多，還有許多兒童訪客，因此有次阿蜜家特別挑早上前來，發現早晨的天然泳池幾乎沒人，推薦大家可選擇早上帶狗寶貝來這裡玩。

最重要的是，這裡水的深淺不一，但深的地方也不會太深，頂多深至腰部左右，環境相當安全無虞，所以可放心讓狗寶貝們自行玩耍。

● 評估指數 ‖‖‖‖‖‖‖‖‖‖‖

人潮出現指數：🦴🦴🦴
孩童出現指數：🦴🦴🦴
體力消耗指數：🦴🦴
適合帶狗指數：🦴🦴🦴🦴

😊 玩樂心得

這邊很多當地人會來玩，若要避開人潮則須在早上前來，早上人不多，可讓狗狗盡情遊玩。這裡停車方便，可路邊停車，另有私營收費停車場，計次停車一次50元。

❤DATA

✉ 新北市三芝區共榮社區
🕐 全天
➡ 從台北沿台2縣至三芝方向，右轉中正路，再左轉中山路，行經三芝名人館後，再直行約3公里即可到達

經緯度

25.238194,121.510892

玩水、散步設施皆齊全
坪林金瓜寮溪6.6K

強力推薦「6.6K」私房景點

坪林的金瓜寮溪，是我們一家人最常去的玩水地點，因為這裡除了有清澈的溪水外，金瓜寮溪的步道設施也極為完善，非常適合遊客健走。而金瓜寮溪也因為封溪護魚多年，效果顯著良好，因此溪中的魚群數量多得驚人。其中金瓜寮溪6.6K這個地方更是我們家私房的景點，「6.6K」是我們依產業道路的距離幫它命名，在一位朋友與我們介紹了這個地點之後，我們便無法自拔地每到假日都想來這兒玩水。

每次一進入初夏，我們家一定是第一個準時到這裡報到的人，趁人潮還沒有很多時，盡情享受溪水的沁涼，金瓜寮溪兩旁充滿綠蔭，夏天午後一陣風吹來，非常涼爽。金瓜寮6.6K這塊區域的水深有深有淺，淺處可讓狗寶貝們踩踩水，而較深的地方可讓賴老爺練游泳，我們家每個人在這邊都能各取所需，玩得很盡興。

魚兒，別跑！

●評估指數 ||||||||||||||||||||||||||||||

人潮出現指數：🦴🦴🦴
孩童出現指數：🦴🦴🦴🦴
體力消耗指數：🦴🦴🦴
適合帶狗指數：🦴🦴🦴🦴🦴

😃 **玩樂心得**

金瓜寮溪沿路有步道及小溪，整條溪可以下水的地點很多，水域有深有淺，可依喜好的水深決定玩水處，但千萬不要找深度超過1公尺的地方，因為易有暗流產生，還是以看的到底的地方較好。

◆DATA

✉ 新北市坪林區金瓜寮產業道路
🕐 全天
➡ 國道5號下坪林交流道，接台9線往宜蘭方向，於黃舉皮寮站彎進金瓜寮產業道路，沿著金瓜寮產業道路走，於6.6公里處後便可以停車，經觀魚蕨類步道下切至溪邊

經緯度

24.930926,121.691694

謝謝阿拔

阿拔教妳游泳

貼心小提醒

垃圾隨手帶走

金瓜寮溪全溪沿岸都禁止烤肉，但遊客可自行帶東西來野餐，別忘了於離開時順手將垃圾帶走，以維護溪流的乾淨與永續。

ㄅㄧㄤˋ！

1 一直在捕魚的米蘇
2 溪水超級清涼消暑
3 溪旁的樹蔭茂密，不用擔心曬傷
4 賴老爺正在教牛牛游泳
5 踩踩水也很舒服
6 牛牛是家裡最會游泳的喔
6 不喜歡水的米蘇，一碰到水就很哀怨

寶貝的狗言狗語

為什麼要學游泳呢？

阿拔來教你游泳

可以不要學嗎？

狗活得好好的，為什麼要學游泳呢？

水質清澈的安全戲水區
烏來清涼溪流

這裡好像很乾淨

烏來的溪水一向以乾淨聞名，沿路都有地方可以下切到溪邊。烏來溪流的戲水區域大部分水深呈現凹字形，中間比較深兩邊較淺，而中間最深的水深大約到胸口，戲水環境很安全，但帶狗兒出門還是要特別留意，主人先確認環境安全無虞後，便可以馬上開始狗寶貝們的游泳特訓。

狗友最愛的泡水消暑勝地

夏日時常常聽到許多狗友每週都往烏來跑，泡在清涼溪水中，也是我們家每年夏日的例行公事之一。我們家的豬豬、牛牛與米蘇每年都會到鄰近的烏來泡溪水消暑，我們偏愛的玩水地點是在有間「包子‧菜包」那兒，因為水深較淺，適合我們家。除了可以戲水游泳，這兒也有很多人在這邊曬日光浴及烤肉！

1 無污染的水質清徹見底
2 溪流被青山擁抱，非常舒服的戲水環境
3 迫不及待想玩水的豬豬
4 牛牛的泳技經過幾次玩水行程後，突飛猛進
5 玩得非常開心的牛牛
6 豬豬的泳技無論經過幾年都沒有長進
7 夏天真的很多遊客

● 評估指數

人潮出現指數：🦴🦴🦴🦴
孩童出現指數：🦴🦴🦴
體力消耗指數：🦴🦴
適合帶狗指數：🦴🦴🦴

😊 玩樂心得

出門玩安全要放第一，尤其玩水時特別要注意狗寶貝們的安全，因為他們單純總不懂得什麼是危險，所以主人要幫他們多注意一點。

▼ DATA

✉ 新北市新店區新烏路沿線
➡ 由新店台9線(北宜路)右轉台9甲線(新烏路)後，注意右方，看到右手邊有間手工包子店即抵達，除了包子店下切溪水處，也可以自己挑喜愛的地點下去玩水

🕐 全天

經緯度
24.897368,121.548057

4

貼心小提醒

建議帶食物來野餐

這裡的自來水取得不易，若是帶著狗前往，邊顧狗邊烤肉真的很麻煩，所以還是建議帶熟食或零食來野餐比較方便！

很好認的地標

5

為什麼我泳技都不會進步？

6

7

寶貝的狗言狗語

我變得好強喔！

帥氣

特訓完後的米蘇變得超有自信

溪邊游泳、曬日光浴，真爽！

米蘇的游泳特訓

賴老爺正在幫討厭游泳的米蘇特訓

豬豬跟牛牛的感情好到連游泳都要黏在一起

ZZZ

舒服！

游完泳後舒服的曬日光浴

當被工作壓得喘不過氣來時，放假時帶狗狗去踏青是很好的紓壓方式。北台灣的公園綠地非常多，而且占地廣大，不僅主人可以放鬆心情，連狗兒都可以盡情奔跑。而有許多的公園綠地都隱藏在城市之中，等著大家一一去發現。

蘊藏豐富生態的愜意步道

內湖大溝溪親水步道

大溝溪發源於白石湖山，屬於匯聚山坡水流的小溪溝，因鄰近大湖山莊住宅區，在民國86年曾進行大溝溪整治，提供鄰近社區休閒遊憩空間，恢復原有溪溝的生態環境。與登山行程大不相同的地方在於，在大溝溪步道行走比較像在郊遊或度假，輕鬆又愜意。春天時，大溝溪還會開滿色彩繽紛的花朵。

廣大草坪中的生態河流

大溝溪親水公園有條富含多種生態的小河流，喜歡玩水的

不行

下來玩嘛！！

1

●評估指數 ▌▌▌▌▌▌▌▌

人潮出現指數：🦴🦴🦴
孩童出現指數：🦴🦴
體力消耗指數：🦴🦴🦴
適合帶狗指數：🦴🦴

😊 玩樂心得

開車進入大溝溪自然步道，沿途路窄，且車位難找，所以開車前來的人，可將車子停遠一點再慢慢散步過來。

◆DATA

✉ 台北市內湖區大湖山莊街底
🕐 全天
➡ 於內湖成功路五段大湖派出所附近，沿著大湖山莊街（漢堡王或大湖國宅旁邊的巷子）進入到底

經緯度

25.088689,121.598482

狗狗來到這裡，保證會迫不及待地跳水。我曾看見朋友的黃金獵犬比臘一來到這，便無視於主人呼喚而奮不顧身地跳下水。比臘玩得很開心，但主人卻苦著一張臉直嘆：「才剛洗完澡，回家又要洗澡了。」

沿著步道走，中途會抵達一個平坦的大草坪，這裡適合享受午後的輕風，在草坪上躺著吹風格外舒服。在這裡什麼事都不必做，就這樣看著狗狗們在草地上玩耍，時而追逐、時而滾草，就是一種簡單的幸福。

相信我！這裡真的好好玩喔～

1 比臘(左)一直邀請豬豬下水玩
2 米蘇總是如此豪邁，完全不在乎旁人眼光
3 春天會盛開美麗的花朵
4 有水玩就滿足的黃金比臘

寶貝的狗言狗語

下水陪我玩嘛！

阿姨，你讓豬豬陪我一起玩水嘛！

我才不要玩水咧！

立刻噗通跳下水的比臘

三芝中最大的水車園區
福德水車生態園區

1

2

新北市幾年前推動一鄉一文化，而且做得有聲有色，三芝因此被打造成了水車的故鄉。三芝一共有7個水車公園，但目前在我們積極的尋訪下，仍有3個水車公園未被我們發現。福德水車公園生態園區為其中最大水車園區，占地近0.6公頃，園區內有大型木造引導式水車，而且水車內還真的有水喔！另外園區內還設有生態沉砂池、景觀橋、木棧休憩平台、環園步道及各式植物等。

讓阿蜜笑得開心的水車公園

園區內可欣賞到色彩繽紛的小花，閒暇時來走走是不錯的選擇。阿蜜在水車公園裡雖然玩得高興，但是看著水車公園裡的水池，看得很專注並笑得很開心，全身散發出想要跳水的意念。若是你家也有一隻無時無刻都想要游泳的小狗，而當天並沒有要幫小狗洗澡的打算，還是速速遠離水池這區域吧，不然一不注意小狗就會關上耳朵自己跳下去抓魚囉！

3

4

萬紅中一點黑

還是不能下水嗎?

1 一直想要下水游泳
2 與大水車合影留念吧
3 高興之情溢於言表的阿蜜
4 自嗨黑皮到耳朵都飛起來了
5 水車公園裡種植許多美化環境的小花朵
6 一直再用眼神詢問是否可以下水玩
7 這應該就是滿足的笑容吧

●評估指數 ||||||||||||||||||||||||||||

人潮出現指數: 🦴🦴🦴
孩童出現指數: 🦴🦴
體力消耗指數: 🦴
適合帶狗指數: 🦴🦴🦴

😊 玩樂心得

三芝一共有7個水車公園,大家一起帶著狗狗來這裡集滿7個水車公園吧!

✉ 新北市三芝鄉埔坪村
🕐 全天
➡ 由台2甲或台2縣往三芝方向即可看到指標

❤DATA

經緯度

25.243881,121.510248

在彩虹橋下散步騎單車
內湖成美河濱公園

成美河濱公園分成左岸與右岸，並以橋身鮮紅、造型獨特的彩虹橋相互連結。橋下的自行車道寬敞且河岸旁的草坪皆有定期維護，因此環境非常乾淨，同時成美河濱也被打造成友善的生物棲地，創造舒適、自然與多生態環境，提升水岸環境品質，是一舒適的休閒自然育樂場所。

成美河濱公園的自行車道可延伸到淡水，假日時雖然很多人來河濱騎腳踏車，但幾乎僅在車道上騎車，而不會踏進草坪，因此這裡便成為狗主人們與狗狗們奔跑的好地方。如果有時間，也可牽著狗寶貝沿著自行車道慢慢散步，沿路可以看到很多漂亮的景致，同時也可以消耗一下狗寶貝

們旺盛的體力。快點牽著你的狗寶貝來河濱公園散步吧，挑戰看看自己可以走多遠喔！

看我在草上飛！

啊是要出發去哪裡？‖‖

?

出發囉～

貼心小提醒
別忘了帶些零錢喔
河濱公園沿路上都有販賣的小攤位，不用擔心口渴與肚子餓的問題。

哇賽!風吹過來好舒服唷～

1 果然是父女，髮型一模一樣　2 豬豬跑到耳朵都飛得好高呀　3 幸福列車　4 玩累了的兩兄弟一起在橋下躲太陽
5 藍天白雲下的河濱公園真的好棒　6 牛牛被風吹到變尖耳狗囉

●評估指數 ▌▌▌▌▌▌▌▌▌▌▌▌

人潮出現指數：🦴🦴🦴
孩童出現指數：🦴🦴🦴
體力消耗指數：🦴🦴🦴🦴
適合帶狗指數：🦴🦴🦴

😊 **玩樂心得**

此文中的草坪遮陽處只有橋下，而且較難找到可裝水的地方，若是帶狗狗來這裡跑步時，記得多準備飲用水喔！

❤ **DATA**

✉ 台北市內湖區
🕐 全天
➡ 1.從台北國道1號成功交流道下往南港方向，上成功橋前左轉安康路，於第一個路口再右轉，即可看到河堤，可於水門停車步行進入河濱公園
2.台北市區經成功橋下橋後立刻右轉安康路，第一個路口再右轉，即可看到河堤，可於水門停車步行進入河濱公園

經緯度

25.05469 ,121.583955

綠地視野遼闊，遠眺101
內湖石潭公園

這裡很大吧～

石潭公園被麥帥大橋分成數個綠地區塊，其中兩個較大的區塊分別在成功路跟潭美街交叉口與潭美街的隧道旁，因地形起伏有致，使兩側的景物相互滲透交融，豐富空間層次變化，而我們偏好的景點則是位於隧道旁的石潭公園。

眺望101，享受森林浴

園區內因地勢較高而視野遼闊，甚至可遠眺台北101。公園正中心的展演舞台，從階梯座椅到表演舞台全鋪設草皮，舞台下的草坪極大，是讓狗狗奔跑的好地點！而公園北側的林蔭步道也可以讓想要逃離酷暑烈日的遊客遠離城市喧囂，享受沁涼暢快的森林浴。除此之外，這裡栽植多種開花喬木及常綠喬木，茂密繁盛的樹林，搭配萬紫千紅的花朵景色極佳，只可惜豬豬、牛牛與米蘇們只對盧草與做記號爭地盤有興趣，完全無視眼前美景。

另外園區裡的還有網球場與籃球場，但與草坪有一段距離且球場四周有鐵圍欄，因此運動與遛狗的人並不會互相干擾，也不用擔心愛玩球的小狗們去追別人的球了！

1 石潭公園的中央大草坪
2 公園內的景色讓人有如置身歐洲的感覺
3 草坪總是修剪得很乾淨
4 沿著公園步道散步很悠閒

● 評估指數

人潮出現指數：🦴🦴🦴🦴
孩童出現指數：🦴🦴🦴
體力消耗指數：🦴🦴🦴🦴
適合帶狗指數：🦴🦴🦴🦴🦴

😊 玩樂心得

籃球場旁設有垃圾筒，飼主記得將狗狗的排泄物及垃圾清理起來並丟到垃圾筒內，以維護良好的環境！

✉ 台北市內湖區成功路二段東側(麥帥公路兩側)
🕐 全天
➡ 從台北國道1號成功交流道下接成功路二段往南港方向，遇安康路左轉後，第二個紅綠燈左轉，過隧道即抵達

DATA

經緯度

25.062995, 121.592946

休憩、運動、娛樂皆得宜
南港公園

南港公園三面環山，園內綠樹圍繞著湖泊，是南港三大埤之一。園內以相思林為主，自然生態豐富，更有著網球場、籃球場、兒童遊戲場、觀景亭以及林間環山步道等設施，是附近居民的好去處，因此這裡平日的傍晚與假日人潮眾多。南港公園進去不久，會先遇到一片綠油油的草坪，可先讓狗寶貝在這消耗體力。

狗鴨大戰

我們特地選定清晨時分前來，避開了人群讓我們可以慢慢欣賞南港公園的美。南港公園內有規畫釣魚區，很多老伯伯都一早就來這邊釣魚，而池邊有好多鴨子正在理毛、逛大街。當我們來到這區，牛牛一看到鴨子顯得相當興奮，一直想找鴨子玩，於是一清早便上演著興奮小狗把鴨子嚇得呱呱叫的景象，讓我好尷尬。

南港公園步道整理得很乾淨，但因為沿著小丘開墾，所以步道有上下坡，一段路走下來，就連平常有運動習慣的我們都感覺到累，這短短的路竟然讓狗兒們回家後一覺到天亮，甚至睡到打呼呢！

1 南港公園的環湖道
2 古色古香的南港公園大門　3 牛牛追鴨子的地方
4 才剛到公園不久就玩瘋了

釣魚區

媽～姊姊在欺負我啦！

慢馬！

●評估指數

人潮出現指數：🦴🦴🦴

孩童出現指數：🦴🦴

體力消耗指數：🦴🦴🦴🦴

適合帶狗指數：🦴🦴🦴

😊 玩樂心得

南港公園是牽狗慢步的好地方，但早上會有早起運動的老婆婆老伯伯，晚上則有前來運動的人群，除非避開人潮多的時間，否則不建議將狗放開自由奔跑。

❤ DATA

✉ 台北市南港區東新街170巷

🕐 全天

➡ 循著台北市忠孝東路六段右轉入東新街，前行不久即可抵達

經緯度

25.043109,121.591691

草坪遼闊的環保綠地

木柵福德坑環保復育公園

若你常走北二高，是否有注意到長頸鹿囪與太陽旗的標誌呢？太陽旗的標誌所在位置，就是福德坑環保復育公園，園區內設有停車場、步道、休憩涼亭等，更隱藏著一座比大安森林公園面積還要大的公園！福德坑原本是個垃圾衛生掩埋場，總面積98公頃，在完成階段任務後，進行綠化復育，變成現在兼具備環保、休憩、教育等功能的好地方。福德坑的中央草坪相當遼闊，並且非常乾淨，因為非常少人知道這邊，因此遊客甚少。

1 福德坑的滑草場
2 黃昏的美麗邊緣光與狗寶貝愉快的玩樂場景，曾獲攝影比賽佳作

殺光底片的最佳背景

小狗在福德坑奔跑的同時，主人們可直接躺或坐在草坪上休息！我們很喜歡在夏天傍晚帶著豬豬、牛牛與米蘇來福德坑玩耍並拍照，因為以這裡為背景拍攝在夕陽下玩耍的狗狗畫面特別美，美麗的夕陽會讓狗狗的周圍映上微量的邊緣光。雖然福德坑環保復育公園之前是垃圾掩埋場，但對我們家三隻寶貝來說，能盡情奔跑的地方便是樂園！

寶貝的
狗言狗語

米蘇的奇怪交友方式

我們來做朋友好嗎？

我才不要！

米蘇又在用奇怪的方式交朋友了

❤ DATA

●評估指數

人潮出現指數：🦴🦴🦴🦴🦴
孩童出現指數：🦴🦴🦴🦴🦴
體力消耗指數：🦴🦴🦴🦴🦴
適合帶狗指數：🦴🦴🦴🦴🦴

😊 玩樂心得

秋冬時福德坑的風有點大，所以這季節來這兒玩的朋友們要記得保暖！最好戴個帽子及圍巾，不然風一直吹會讓人很不舒服呢！

✉ 台北市文山區木柵路五段151號

🕐 06:00～18:00（清明掃墓的前一星期會管制車輛，僅能步行上山）

➡ 開車至木柵路五段並由43巷口進入，一路上山，約開1.6公里即可抵達目的地

經緯度

25.007164,121.589931

漫步綠蔭步道賞綠湖

汐止新山‧夢湖

貼心小提醒

湖泊禁止人和狗下水

此處的湖泊為了維護自然景觀與生態，因此無論是人或狗狗都是禁止下水，請各位狗爸狗媽特別留意。

位於汐止的新山‧夢湖是由新山與夢湖組合起來的景點，海拔約325公尺處的夢湖是山中的美麗小湖，在冬季的午後四周常起霧，使得湖的周圍有如夢境一般，因此以夢湖為名。前往夢湖有兩條路可以走，一是未開發的登山道，危險不好走；另一處則是平緩好行走的階梯，位於產業道路的最底處，建議大家經由階梯前往夢湖。通往夢湖的登山階梯兩旁都是綠蔭，所以走起來十分涼爽不悶熱，非常適合小孩、老人家與狗狗前來！

沿著夢湖旁的步道行走繞湖一周，除了有涼亭座椅可休憩外，並可在涼亭內享用咖啡，也可以利用周圍的扁平大石為蓆，靜靜地感受大自然的美。新山夢湖旅客較多，其中夢湖進行了好幾年水生植物與動物的復育工作也已見成效。

1 水生植物豐富而呈現翠綠的夢湖
2 由階梯前往夢湖十分好走
3 寧靜的夢湖午後時光

●評估指數 ▍▍▍▍▍▍▍▍▍▍

人潮出現指數：🦴🦴🦴🦴
孩童出現指數：🦴🦴🦴🦴🦴
體力消耗指數：🦴🦴
適合帶狗指數：🦴🦴🦴🦴🦴

😊 **玩樂心得**

新山‧夢湖假日時遊客眾多，且唯一的產業道路不大，所以停車時需格外小心，另外假日時，大多遊客是家長帶小朋友來健行，因此建議以牽繩牽著狗狗同行以免妨礙其他遊客！

❤**DATA**

✉ 新北市汐止區新山夢湖路　🕐 全天
➡ 經汐止汐萬路三段，由2號橋前右轉夢湖路，沿路即有清楚的指標，至新山夢湖告示牌徑登山口後，繼續前行至道路盡頭，可看見一座涼亭即為石階登山口，約走10分鐘就可抵達夢湖

經緯度

25.128268,121.635818

一探 絕壁 古道 的 祕密 小徑
汐止姜子寮

給我聽口令排好路隊!

汐止的姜子寮絕壁,是過去相當著名的景點,但近十年來漸漸被遺忘。而這條姜子寮與汐平路上唯一的古道,常常被沒入荒煙蔓草中。但我們今天要介紹的並非姜子寮絕壁古道,而是位於古道入口處的姜子寮公園與福興宮洗車場!

徐小蛋一家曾在汐止住過兩年的時間,當時姜子寮是我們家沒有很多時間時最喜歡去的私房景點。一方面在這裡停車後,便可以發現一條汽機車無法進入的小路,這條小路便是姜子寮步道的入口處。小路雖不長,但在這條路上幾乎很少遇到行人,因此總是在這邊任由豬豬、牛牛、米蘇自由奔跑。

1 免費洗車處
2 永遠無人無車的小徑
3 佛心的福德宮
4 用雙腳感受大自然

可以洗車就好,不要洗我嗎?

免費提供遊客洗車

會喜歡這裡的另一個原因,就是位於姜子寮產業道路底的福興宮,很佛心的提供免費水源供遊客洗車,遛狗時心血來潮可以順便將車洗乾淨,因此這個地方一直讓我們覺得CP值很高,不僅狗狗可以在無人小徑及姜子寮公園玩得開心,同時也可以將平日辛勞帶著全家出遊的車子洗乾淨,一舉數得。

●評估指數 ||||||||||||||||||||

人潮出現指數: 🦴🦴
孩童出現指數: 🦴🦴
體力消耗指數: 🦴🦴🦴
適合帶狗指數: 🦴🦴🦴🦴🦴

😊 玩樂心得

當沒有人在排隊洗車時,天氣許可下我也曾經試著在這裡把狗狗洗乾淨後曬乾再回家,但若有人排隊等洗車的話千萬不要這麼做喔!因為這裡的水源主要還是提供給人洗車,所以請以洗車者優先。

♥ DATA

✉ 新北市汐止區姜子寮產業道路　🕐 全天

➡ 姜子寮的產業道路路口小,很容易錯過,因此在找時可尋找汐平公路二段52號,其前方的左叉路即為姜子寮的產業道路,一開始前段道路相當狹窄,不久後整個路面即開闊且為新舖的水泥路面,開到底即可看到福興宮與洗車場

經緯度

25.050419,121.717122

別有洞天的後花園
汐止大尖山

1 豬豬玩得超開心
2 由這邊可以看到汐止美景喔
3 鼓起勇氣通過這個草坪就會柳暗花明了

這裡涼涼的好舒服～

會啦!

走過這裡真的會別有洞天嗎?

大尖山風景區經汐止市公所整頓後,築起了登山階梯、廣植花木,並從國外引進草皮,造就了山坡上成片平整的草皮,加上風味特殊的休憩亭和石桌椅,大尖山風景區一時之間變成了汐止的後花園,這天我們終於去探訪了大尖山的神祕面紗!

到了大尖山,才發現停車場附近休憩的人眾多,有情侶來這談心約會,也有一家人帶著卡式爐來煮東西野餐,而我們帶狗出遊的人最怕人多,於是我們抱著探險的心態再往山林裡走一點,也因此意外發現超優質的地點,在找到優質地點前,會經過一個草滿高的草坪,放心的走過去就對了,走過草坪便可看見另一區別有洞天的休憩地。

這裡的樹極為高聳,若運氣好剛好遇到修剪樹木後,還可由此看見汐止全景,山林裡涼風徐徐,即使炎炎夏日來,還是有些許的涼意,頗為舒服,豬豬、牛牛與米蘇這天也很乖的在林裡東聞聞西聞聞,似乎在享受這裡的悠閒氛圍。

●評估指數

人潮出現指數:
孩童出現指數:
體力消耗指數:
適合帶狗指數:

😊 玩樂心得

大尖山剛開始的路並不好走,所以一定要牽好狗寶貝!大尖山中並沒有放置垃圾桶,別忘了離開時隨手將自己的垃圾帶到停車場的垃圾桶去棄,才能長保環境乾淨,讓地球永續生存,也給狗狗們更好的玩樂環境!

❤DATA

✉ 新北市汐止區勤進路601號
🕐 全天
➡ 1.從台北國道1號汐止交流道下往汐止市區,直行水源路,左轉新興路,左轉新台5路,過汐止區公所後右轉仁愛路,右轉秀峰路,右轉勤進路即可抵達大尖山
2.從台北國道3號新台五路交流道下往汐止市區,接新台五路,過汐止區公所後右轉仁愛路,右轉秀峰路,右轉勤進路即可抵達大尖山

經緯度

25.0512100,121.668080

板橋435藝文特區

浪漫吧~

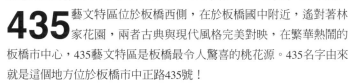

1 有沒有很浪漫呀
2 快到台灣玩具博物館找回童心
3 入口處的噴水池

435藝文特區位於板橋西側，在於板橋國中附近，遙對著林家花園，兩者古典與現代風格完美對映，在繁華熱鬧的板橋市中心，435藝文特區是板橋最令人驚喜的桃花源。435名字由來就是這個地方位於板橋市中正路435號！

進入435藝文特區，首先會先看到頗浪漫的白色石子路，可以漫步小白石子上欣賞噴泉，隨手都可拍出不錯的照片，不只人的生活中要浪漫，狗寶貝們偶爾也要浪漫一下，在這裡多幫狗寶貝們拍一些照片吧，會發現無論如何取景照片都很美！

最具藝術特色的拍照場景 🐾

若時間足夠，可以在藝文特區園區裡找尋拍照道具與景點，

園區費心設立許多場景供遊客拍照，甚至園區中每條路都有自己的名字，每一條小巷都有它的特色。

435藝文特區的主建築物是一棟兩層樓的舊式建築，在435藝文特區裡可以隨意亂逛，另外園區裡還有台灣玩具博物館可以參觀喔！

❤**DATA**

●評估指數 ▮▮▮▮▮▮▮▮▮

人潮出現指數：🦴🦴🦴🦴🦴
孩童出現指數：🦴🦴🦴🦴
體力消耗指數：🦴🦴🦴🦴🦴🦴
適合帶狗指數：🦴🦴🦴🦴🦴

😊 **玩樂心得**

附近的居民常常會坐在435藝文特區的樹下聊天乘涼，帶狗狗來請不要影響到他們，而435藝文特區有很多小草坪，也可以找一片適合的草坪坐下來休憩。

✉ 新北市板橋區中正路435號
🕐 全天
💲 入場費免費，小客車停車1小時20元
➡ 由板橋環河路右轉正義街，遇中正路左轉，於中正路433巷轉入到底即抵達

經緯度

25.023396,121.454137

和狗寶貝的回憶錄

在這裡貼上你和狗狗們的親密照，記錄你們最珍貴的回憶

旅遊手札隨手寫

桃竹苗篇

郊遊散步看風景最慵懶

→ 桃竹苗是一個我們很喜歡出遊的地方，一來是距離台北不會太遠；二來只要一出台北，幾乎都是好天氣，所以我們家常常到桃竹苗曬曬發霉的筋骨。再者桃園、新竹與苗栗各自擁有其地區文化特色，值得大家慢慢品味！準備好了嗎？讓我們出發到桃竹苗去玩耍吧！

我們這樣玩

建議停留1.5小時

阿助那裡咖啡下午茶

建議停留3小時

體育大學

中正藝文特區

建議停留1.5小時

DAY 1
出發

世外桃園 → **1**日遊

望景吹風，享受慢生活

中山高速公路

台灣高鐵

蘆竹鄉

2 阿助那裡咖啡

1

國立體育大學

3

中正藝文特區

第❶站

在草坪上享受灑落的陽光
國立體育大學

國立體育大學位於桃園龜山，專門培訓國內體育運動相關人才。國立體育大學占地廣大，因此這裡的草坪也成為狗友口耳相傳的極佳遛狗聖地，以湖畔為中心出發，附近有許許多多的草坪，可以自己找一個比較沒有人與狗的草坪玩耍！

阿法與米蘇的浪漫野餐

阿法與米蘇是一對分別住在桃園跟台北的遠距離同性戀狗，這兩隻小狗一見面，總是迫不及待地來個愛的熊抱！由於長期分隔兩地，每次見面都天雷勾動地火，怎麼樣都拆散不了他們，每年我們都會找時間到體育大學讓他們兩個相見，見面當天他們總是形影不離！

在米蘇與阿法相親相愛的同時，其他人則是靜靜地欣賞體育大學的美景，陽光由樹葉縫隙中灑落草地上，時時刻刻在變化的光影令人目不轉睛。帶著狗兒不知何處去時，就帶著零嘴與食物來體育大學野餐吧！

寶貝的狗言狗語　我好想你喔

阿法，我真的好想你喔！

我也是想你想到心都痛了！

抱！　抱！

哪有…，我也很愛阿拔呀！

是嗎？

你愛阿法比愛我多呦～

●評估指數

人潮出現指數：🦴🦴🦴🦴🦴
孩童出現指數：🦴🦴🦴🦴
體力消耗指數：🦴🦴🦴
適合帶狗指數：🦴🦴🦴🦴🦴

😊 玩樂心得

林口體育大學只要登記換證就可以免費進入，真的是晴天約會與遛狗好地點！

❤ DATA

✉ 桃園縣龜山鄉文化一路250號
🕐 全天
➡ 國道1號林口交流道下，經長庚醫院，走文化一路往龜山方向直行到底，即達國立體育大學

經緯度

25.035697,121.385264

1

第②站

最優質的午後時光
阿助那裡咖啡

你猜的到這裡是哪裡嗎？從這裡望過去，好像是在鄉下一般。乾淨的草皮很平坦，一望無際沒有高樓大廈的視野，讓人感覺舒適。在國立體育大學奔跑了一個上午後，不如來此放空一下吧！這裡的老板是位年輕的男生，長髮、咖啡、單車、攝影就是他的招牌形象。從2008年2月至今，為了保存一片草地，阿助決定開設這個咖啡窩。他花了9個月的時間，親力親為，費了不少心思與體力，將裝潢成本壓到最低，寧可花費大筆資金購買頂級義式咖啡機Synesso與4公斤直火烘焙機，為的就是將高品質的咖啡與遊客分享。

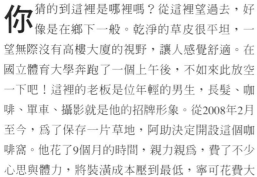
> 快來摸我肥美的肚肚吧！

2

慵懶悠閒的慢步調 🐾

在這裡，連一向很愛裝酷的豬豬，都忍不住脫韁奔馳；在這裡，牛牛坐著放空；在這裡，米蘇不顧世俗的眼光，大方的翻肚秀自己。很難想像它竟然位在被高樓圍繞的桃園市中心，簡直就是桃園中的桃花源！

又有誰想的到鐵皮屋裡，是令人驚訝的咖啡館。店內沒什麼特殊的裝潢，就是瀰漫一股悠閒懶散的氣氛！雖然阿助那裡咖啡無高級裝潢，卻有以最頂級的咖啡機所沖煮出的美味咖啡、最熱情的主人與一隻最可愛的店貓宅急便。

> 我是黑貓宅急便！快來認識我～

3

品味一下午的好風景 🐾

這裡沒有提供餐點，主要販售價格分別為80元、100元跟150元的飲品，老板阿助也很大方承認他自己很大牌，開店並非他的最愛，他比較喜歡將大多時間花在享受生活上，所以若您要來訪這裡，最好事先打電話確認！運氣好遇到有營業時，這是一個很適合帶著筆電，就來這裡耗一個下午的地方，靠窗的位置很清幽，可以望著外面發呆！帶著狗狗的客人，除了戶外可以奔跑之外，這裡的老板與客人都很隨性，大方豪爽的個性都很歡迎狗狗，所以我們家的狗寶貝就很囂張的把這裡當自己家。

店裡的氣氛很悠閒，看三隻寶貝們就知道了，唯有讓他們放鬆的環境，才會睡成這樣。我們一

4

個下午，就這樣在裡面喝一喝飲料休息後，又跑到外面的草皮玩。我無奈地跟小狗們說：「這裡是別人的私人草皮，不是公園，你們留點形象好不好！玩那麼瘋，這樣別人會說你們不乖喔，小心老板以後不讓你們來喔！」

5

1 櫃檯中長髮男子就是最有個性的老板
2 真是一點矜持也沒有
3 可愛又盡責的店貓
4 三隻寶貝竟然在陌生的環境裡熟睡，還睡到別桌去了
5 阿助那裡咖啡隱藏在都市的高樓中
6 除了咖啡外，還有高山脆梅等飲品可以點

6

● 評估指數 ⬛⬛⬛⬛⬛⬛⬛⬛⬛⬛⬛⬛

人潮出現指數：🦴🦴🦴🦴🦴
孩童出現指數：🦴🦴🦴🦴🦴
體力消耗指數：🦴🦴🦴🦴🦴
適合帶狗指數：🦴🦴🦴🦴🦴

😊 **玩樂心得**

這裡是一個任性老板開的直火機自家烘焙咖啡館，並不是專門的寵物餐廳，只是一個不排斥狗狗的咖啡館。所以要帶狗狗前來時，別忘了打電話詢問。想要放開牽繩時，也請先詢問一下客人跟老板。這裡只有賣飲品與咖啡，可以帶飲品以外的食物來此享用，但外食所產生的垃圾及清理後的狗兒排泄物請記得帶走。

⊙ **DATA**

✉ 桃園市敬三街213號
📞 (03)302-9088
🕐 週一～日14:00～23:00，二、四公休，老板不想開店時也是公休日
➡ 國道1號南崁交流道下往桃園方向，沿著經國路遇莊敬路右轉，碰到敬三街再右轉到底即可抵達

經緯度

25.022972,121.289262

第❸站

天氣熱的時候來玩要多喝水哦！

複合式都會型開放空間

中正藝文特區

在阿助那裡咖啡度過了悠閒的午後，接著可以到中正藝文特區散步。中正藝文特區原為藝文展演用地，經過近幾年的規畫與建設，已經成為一處兼具休憩、活動、生態等複合功能之都會型開放空間。至於藝文特區好不好玩？藝文特區自不自在？藝文特區舒不舒服？看小狗的笑容就知道了！

狗兒玩耍的專屬空間 🐾

對在這附近的居民來說，藝文特區是個很好的遛狗地點，每到傍晚時，更是狗山狗海。這天我

們大約是中午時刻抵達，隨著時間流逝，來藝文中心放風的狗狗漸漸變多了，因為不想被打擾，於是找了一個沒有人與狗的角落玩耍。表演廳外的空地，若當天無表演，就會完全沒有人且極度隱密，加上圍牆頗高，草坪上的景物也不會被看到，這樣向來狗來瘋的米蘇就不會激動地一直想跑去與其他狗玩要了！只是遠方偶爾傳來幾聲狗叫，還是讓這隻虎斑很好奇，一直站在牆邊偷聽，動作十分逗趣呢！

1 桃園藝文特區中笑的超開心的三隻狗寶貝
2 接近傍晚時，狗狗漸漸變多了
3 在牆後偷聽草坪上的動靜的米蘇

越到下午就越多朋友出現了耶！

●評估指數 ||||||||||||||||||||||

人潮出現指數：🦴🦴🦴
孩童出現指數：🦴🦴
體力消耗指數：🦴🦴🦴🦴
適合帶狗指數：🦴🦴🦴🦴🦴

😊 **玩樂心得**

中午過後來藝文特區散步的人會漸漸增加，若是家裡的狗寶貝很喜歡交狗朋友的話，就來這裡吧！

✉ 桃園市中正路、新埔六街、南平路及同德六街
🕐 全天
➡ 國道1號南崁交流道下往桃園方向直行，右轉南平路，左轉中正路即抵達

❤ **DATA**

經緯度

25.016296,121.298385

我們這樣玩

DAY 1 出發

向天湖
建議停留1.5小時

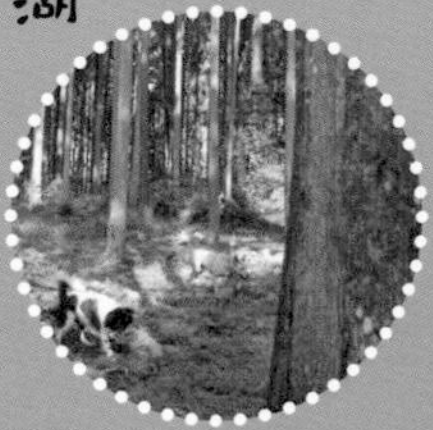

日新島水榭樓台café
建議停留2小時

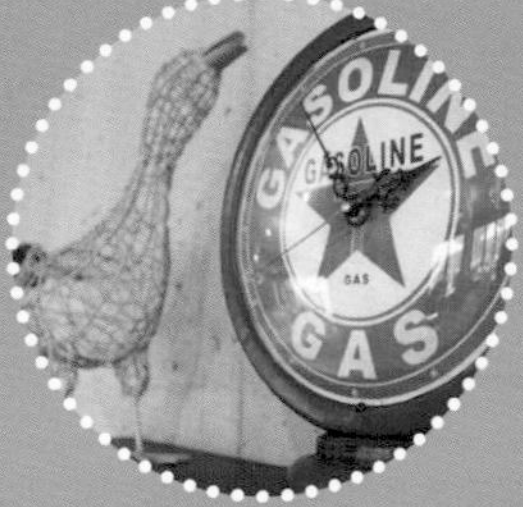
GASOLINE
GASOLINE
GAS

大湖採草莓
建議停留1.5小時

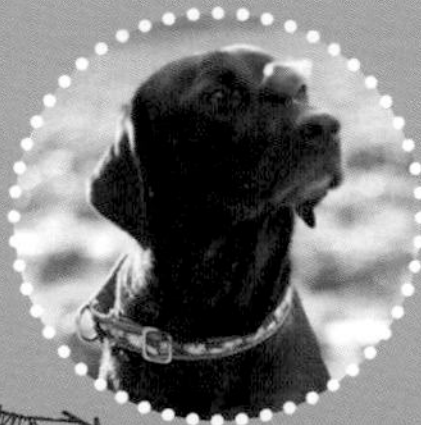

返家

苗栗湖島 → 1日遊

放慢腳步，體驗客家風情

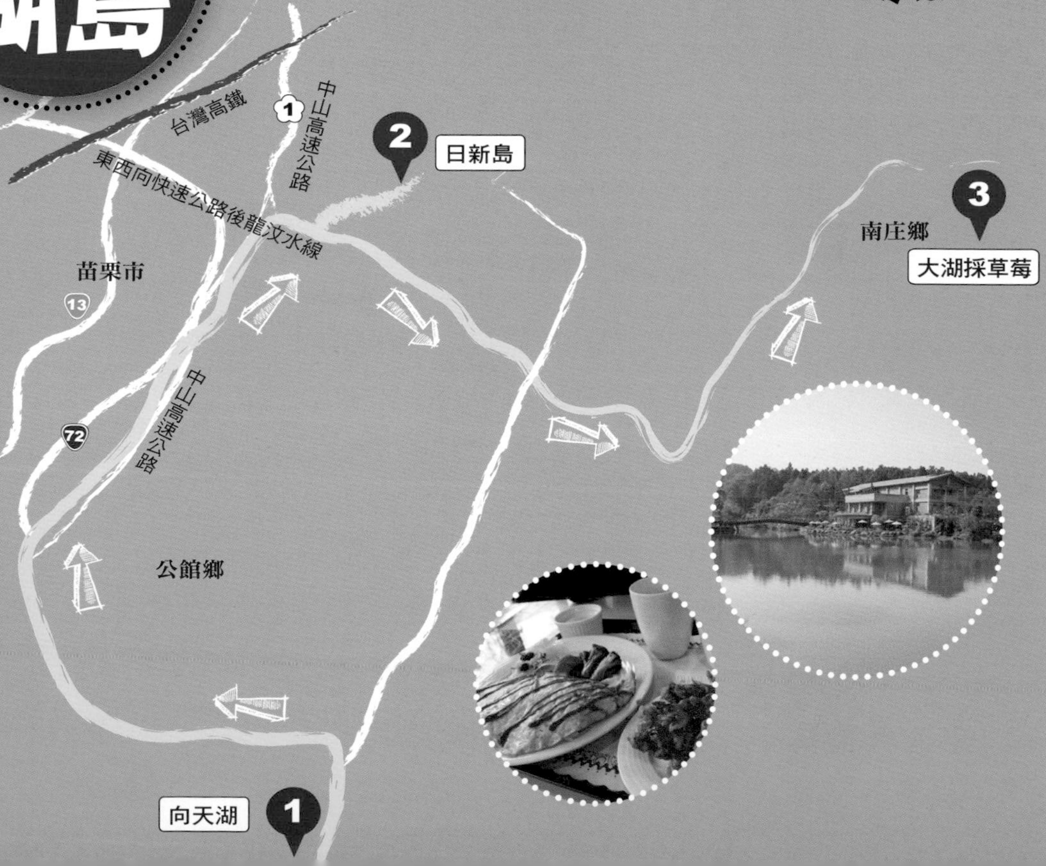
台灣高鐵
中山高速公路
2 日新島
3
南庄鄉
大湖採草莓
東西向快速公路後龍汶水線
苗栗市
13
72
中山高速公路
公館鄉
向天湖 1

第①站

樹蔭交錯的藍天碧湖
向天湖

1

相傳幾百年前，這裡原是一處天然湖泊，人們因為見到該湖泊仰望天空，而取名向天湖，也稱仰天湖。向天湖是南庄賽夏族進行矮靈祭的地點，同時也是欣賞油桐花與螢火蟲的好地點喔。

由向天湖畔的主要的建築物旁小道走去，可以沿著湖繞一圈。前半段是條很美的木棧道，走完木棧道，緊接著出現的是一條3公尺左右的柏油路面，沿路種滿了樹，兩旁的樹在空中交錯形成樹蔭，一路走來都十分涼爽，不會被太陽直曬。

記得米蘇之前是個很調皮的小孩，經過調教後他變了好多，當我牽著他的同時要停留拍照，他會停下腳步等我，令我感到非常欣慰。現在帶著他出門真的比以前輕鬆好多，這或許也是我近幾年願意一直帶著他們到處旅行的原因。

走完一半的環湖路程，會有一個小涼亭可以稍坐休息。短短的路程，一邊玩一邊拍照慢慢地走，大約半小時左右就走完了。走完全程，可以看到向天湖的全景，只是這湖的規模，比我想像的小好多。

2

讓我喘口氣嘛！

<u>1</u> 米蘇懂得停留他的腳步等我　　<u>2</u> 向天湖遊客中心與咖啡廳　　<u>3</u> 向天湖全景　　<u>4</u> 第一個衝進涼亭休息的小狗
<u>5</u> 過小橋之後就開始環湖囉　　<u>6</u> 適合全家大小同遊的好地點

●評估指數

人潮出現指數：🦴🦴🦴
孩童出現指數：🦴🦴
體力消耗指數：🦴🦴
適合帶狗指數：🦴🦴

☺ 玩樂心得

走完向天湖後，有一個小市集，但很多家都沒開了，有點小可惜。

◆ DATA

✉ 南庄鄉公所苗栗縣南庄鄉大同路3號
☎ (037)823-115
🕐 全天
➡ 1.南下：國道1號頭份交流道下，走台3線經珊珠湖、三灣後，接苗124甲經龍門口，即可抵達南庄
　2.北上：國道3號苗栗公館交流道下，走台6線經獅潭後，接苗124甲經仙山、八卦力，即可抵達南庄

經緯度

24.583615,121.033043

第②站

世外桃源的湖中島
日新島

苗栗南庄雖然還有桂花巷等其他景點，但遊客太多，帶著狗狗同行著實不方便。這時不妨拐個彎，到明德水庫去吧！日新島是明德水庫中最大面積的一座湖中島，四面環湖景色優美，進入其中有一種與世隔絕的感覺。狗狗可免費進入日新島，3公頃的環境足夠狗兒快樂奔跑。約半小時可輕鬆地逛完全島，日新島上沒有車子，十分

安全。這裡真的是桃花源，也是所有毛小孩父母心中的那塊淨土！

邊用餐邊享受戶外景觀

散完步後可到餐廳用餐，日新島上的水榭樓台咖啡，非常歡迎狗狗喔！戶外區感覺很棒，夏天很適合坐在戶外，冬天則偏冷。若不想坐戶外，只要繫上牽繩，狗狗也可進入室內陪主人用餐，室內寬敞帶狗狗也可以隨便坐沒有位置限制，挑了大落地窗台旁的座位，用餐時同時可欣賞窗台外的風景。這時入園時付的門票收據可拿出來折抵消費喔，園區內餐點的選擇很多，而且料多實在也很美味、很超值。

1 非常愜意的戶外座位
2 郊外的氛圍讓人與狗都開心
3 這美麗的建築竟然是洗手間
4 又想跳水的阿蜜　**5** 室內用餐區
6 泰式酸辣鍋380元　**7** 通往日新島的入口吊橋
8 戶外用餐區

世界上最遙遠的距離，就是水在我面前卻不能游泳～

4

這吊橋不會晃，很安全喔！

7

5

6

8

●評估指數

人潮出現指數：🦴🦴🦴🦴🦴
孩童出現指數：🦴🦴🦴🦴🦴
體力消耗指數：🦴🦴🦴🦴🦴
適合帶狗指數：🦴🦴🦴🦴🦴

😊 玩樂心得

如果問我入園費100元貴不貴，我會說：島上面積有3公頃，包含小島上維護成本，一點兒也不算貴！畢竟去哪裡找腹地這麼大又可帶狗兒的景觀餐廳，更別說門票還可抵消費呢！

✉ DATA

✉ 苗栗縣頭屋鄉明德村明德路54-6號
📞 (037)255-789
💲 100元／人，可抵消費
🕐 平日：10:00～19:00，假日：09:00～20:00
➡ 1.國道1號公館／苗栗交流道下，往苗栗方向，接72號東西向快速道路，往頭屋／後龍方向，約10.6公里處下往頭屋方向閘道接13甲省道，沿126縣道途中可見往明德水庫與水樣會館路標即可依示進入日新島
  2.國道3號後龍／苗栗交流道下，走台6號省道往苗栗方向，接13甲省道，接頭屋大橋往頭屋方向，沿126縣道途中可見往明德水庫與水樣會館路標即可依示進入日新島

經緯度

24.586078,120.887348

第❸站

品質優良的觀光草莓園
大湖採草莓

在日新島吃飽喝足後，若是還有時間，又恰巧遇到草莓季，則可以多繞點路到大湖，來個小小的採草莓之旅。從130縣道至大湖的路上，到處都是觀光草莓園，大家可以選擇自己喜歡的或是有人推薦品質良好的草莓園。但因為我們有帶狗狗一起來，所以我們以高架草莓園為首選，一來不用彎著腰採草莓，二來狗寶貝們也不會踩到農家辛苦種植的草莓，最後也不用擔心狗兒把自己玩到滿身沾滿爛泥巴。

體驗採草莓的樂趣

小蛋家跟阿蜜家都非常喜歡採草莓，一到草莓園，主人就會先給大家一個籃子與一把小剪刀，並親切的告訴遊客採草莓的要訣。採草莓時務必動作輕一點、溫柔一點，然後以食指、姆指捏掐草莓梗，便可輕輕剪下。明明很簡單的動作，卻可以讓大家很開心，在許多草莓中挑選出自己覺得好吃的，最後帶著滿滿的草莓回家，總是感覺心滿意足。

媽媽～採多一點喔！

1 在高架草莓園裡就不會弄髒身體了　**2** 來大湖必吃的草莓冰　**3** 每年都一定要來採草莓　**4** 鮮嫩欲滴的大草莓

●評估指數 ||||||||||||||||||||

人潮出現指數：🦴🦴🦴
孩童出現指數：🦴🦴🦴
體力消耗指數：🦴🦴
適合帶狗指數：🦴🦴🦴🦴

😊 玩樂心得

進到草莓園，要注意讓狗狗們不要隨意大小便，也不要到草莓或破壞草莓園，適合會乖乖待在飼主旁邊及親人的小狗來此旅行！

❤ DATA

✉ 苗栗縣大湖鄉
🕐 每個草莓園的時間不同
➡ 國道1號苗栗／公館交流道下，往苗栗方向，直行約5分鐘，可以看到苗栗東西向快速道路台72，上台72往大湖方向，走到底接台3線即可抵達大湖

經緯度

24.430388,120.869626

桃竹苗踏青好去處

桃竹苗位於台灣西北部，離台北僅需短短車程就可以抵達，也是桃竹苗極受北部旅客歡迎的原因之一。除了風景區外，桃園地區的老爸後花園、春天農場等私人經營的場地也都相當歡迎狗狗到訪，而新竹的青青草原更是狗友們口中相傳的踏青好去處。

遊客最愛的觀光遊憩區
龍潭湖(觀光大池)

龍潭湖又名龍潭觀光大池，是桃園龍潭最著名的地標，居民們在湖中小島興建了器宇非凡的南天宮，讓整體景觀變得十分優雅，加上龍潭觀光吊橋的襯托，成為吸引遊客的重要遊憩區。觀光大池的湖濱公園、九曲式忠義橋，都相當有特色，尤其夜晚在燈光的烘托下，更顯美麗。

牛牛環湖關注活潑鴨

我們很喜歡在繞著湖的路上散步，龍潭湖慢慢走一圈約1小時左右，但我們卻花了2倍的時間才走完，因為這裡的湖的時間才走完，因為這裡的湖邊，有許多活潑的鴨子，引起牛牛極大的關注，我們必須分散她對鴨子的注意力才能繼續往前走，因此花了許多時間。

環湖的終點是個吊橋，吊橋在我們家狗狗們的心目中可是個恐怖的東西呀！但是要回到我們出發的地方，除了原路回去外，就只有經過吊橋這條路了，在好言相勸外加威脅利誘下，終於把狗兒們騙過吊橋了。龍潭湖空氣還滿好的，有機會經過時，是一個可以順路停留的地點！

抖抖

唉唷！又是吊橋～

●評估指數

人潮出現指數：🦴🦴🦴🦴🦴
孩童出現指數：🦴🦴🦴🦴
體力消耗指數：🦴🦴🦴
適合帶狗指數：🦴🦴🦴

😊 玩樂心得

龍潭湖不大，不過人潮眾多，如果順路經過可以來這裡走走，但不建議特地開車過來。

✉ 桃園縣龍潭鄉
🕐 全天
➡ 由國道3號下龍潭交流道，往龍潭方向，至北龍路口左轉直行到底即抵達

經緯度

24.862722,121.209736

戶外活動的絕佳環保綠地
虎頭山環保公園

1

2

3

虎頭山環保公園原為舊垃圾掩埋場，經過積極的規畫復育後成為綠地公園，不僅從垃圾掩埋場變身為公園，整座公園以太陽能與風力發電，加深這座環保公園的意義。桃園的虎頭山分成兩個區塊，山下的虎頭山公園，有步道、遊樂器材、販賣部……等等，綠蔭較多且處處都是景色，隨手拍照起來都很漂亮。

將桃園市區一覽無遺

若覺得山下的虎頭山公園人潮太多，狗狗無法自由奔跑的話，可以繼續上山，就會看到擁有一片大草坪的虎頭山環保公園了，從虎頭山環保公園還可清楚看到整個桃園市區。建議您可以來這裡吹吹風，藍天白雲下，狗兒在草地奔跑，主人在樹下乘涼，形成一幅愜意的畫面。這裡的夜景也相當美麗，夜晚時來這裡喝杯咖啡，並欣賞璀璨的星空，是一極佳享受。

我們比較喜歡山上的虎頭山環保公園唷！

1 一大早的虎頭山環保公園
2 當時正在接受訓練的米蘇
3 被風吹得很舒服的豬豬

●評估指數

人潮出現指數：🦴🦴🦴🦴

孩童出現指數：🦴🦴🦴

體力消耗指數：🦴🦴

適合帶狗指數：🦴🦴🦴🦴🦴

😊 玩樂心得
這裡假日傍晚的人潮相當多，停車不易。

☒ 桃園市虎頭山巔
🕐 全天
➡ 國道1號南崁交流道下，往桃園市區行駛，轉三民路、成功路，過成功橋後即抵牌樓入口，可轉公園路上山

❤ DATA

經緯度

25.001397,121.330395

散步、戲水皆宜的休憩地
三坑自然生態公園

三坑自然景觀生態公園，位於石門大壩後池堰大漢溪下游處，公園四周道路寬敞，停車方便，整個公園植栽綠化，並且規畫休憩公園及自行車道。往石門水庫的路上，可以看到往三坑自然生態公園與老街的指標，於是跟著指標走，但發現越開越偏僻，一度還以為我們開錯路了。不過這裡只有一條路，硬著頭皮繼續開，總算到達了路標中的三坑自然生態公園！

1

散步、泡腳、戲水好悠哉

自然生態公園旁設有河堤，站在河堤上可以眺望大漢溪，從堤防遠望的風景很美，這裡是新開發的景點，一般遊客較少知道，情況許可下就讓狗兒們自己去放鬆活動。沒事的話，可以在這個公園待久一點，散步、聊天、練習拍照、看著狗寶貝玩得跟瘋子一樣開心地跑來跑去，園區裡還有一條小溪流可以戲水，夏日泡腳十分涼快。三坑自然公園附近有自行車道以及三坑老街，是個很不錯的1日遊地點。

今天沒被叫去玩水耶，好開心

2　3

1 園區規畫給遊客戲水的小溪流
2 主人泡腳消暑，狗兒在一旁休憩，氣氛超悠閒
3 看他們笑得很開心，我心裡也好愉快

♥ DATA

●評估指數

人潮出現指數：🦴🦴🦴
孩童出現指數：🦴🦴
體力消耗指數：🦴🦴
適合帶狗指數：🦴🦴🦴

😊 玩樂心得

目前從三坑老街到自然生態公園，部分路況不佳，請小心行駛，盡量在天黑前離開。

✉ 桃園縣龍潭鄉三坑村
🕐 全天
➡ 1.國道3號龍潭交流道下，往石門水庫方向，一直接台3乙線走中正路三坑段後，約6公里處即可看到三坑老街，續前行約1公里，右邊即是三坑老街指標，進三坑老街後即可沿指標前往
2.國道3號大溪交流道下，往大溪石門水庫方向，再右轉走台3線往樹林方向，一直接台3乙線走中正路三坑段後，接石門路約6公里處，即可到達三坑老街指標，進三坑老街後即可沿指標前往

經緯度

24.839322,121.257048

擁有四季風情的自然山林

青青草原

新竹市區的青青草原是一個廣大的丘陵草原，是新竹市區內難得的自然山林，而19公頃的青青草原更是種植了山櫻花、油桐花與楓林……等，每個季節會呈現不同的風情。除了中央的主要大草坪外，周邊還有小坡、樓梯，整個園區沒有花上一天的時間是走不完的。青青草原遊客量算是普通，再加上占地廣大，所以只要選一個沒有人的地點後開始野餐或玩耍，幾乎就不會與人同用一個區域。

每次來這裡我都克制不了我奔跑的欲望！

免費的拾便塑膠袋

青青草原的洗手間就在涼亭旁，裝水很方便，而且洗手間外還設有免費的拾便塑膠袋供帶狗來玩的遊客使用，園區如此的貼心，帶狗兒一同旅行的遊客們也別忘了自己應有的公德心喔！

1 奔馳像puma的小虎斑
2 青青草原沒有所謂的盡頭
3 假日常有主人帶寵物來此出遊培養感情

●評估指數 ||||||||||||||||||||||||

人潮出現指數：🦴🦴🦴
孩童出現指數：🦴🦴🦴🦴
體力消耗指數：🦴🦴🦴
適合帶狗指數：🦴🦴🦴🦴🦴

😊 玩樂心得

青青草原絕對是帶狗玩耍的好地方，但遮陽處較少，要注意防曬喔！

✿DATA

✉ 新竹市香山區　🕐 全天

➤ 1.台1線北上往新竹方向，在與一旁西濱風情海岸交接的路口右轉(有指標)，再一路沿著指標前進即可抵達
2.台1線南下往竹南方向，中華路五段紅綠燈口，左轉進入元培街過香山中學，直走門岔路右轉至香村路，再右轉往大坪頂方向，依路標指引即可抵達

經緯度

24.766705,120.937453

鄉村風濃厚的獨棟牧場
100號牧場

100號牧場可說是專門為狗狗們聚會所建立的一個牧場，園區內除了草坪外，也有提供用餐處，並有可愛的小動物與人們互動。在阿蜜家第一次造訪100號牧場時便留下很好的印象，而且阿蜜一家人從來沒有想過靠海邊竟然還會有大草皮，所以剛到100號牧場時還挺訝異的。100號牧場內有附設餐廳可以用餐，餐廳室內有一股濃濃的鄉村風，餐點也都滿美味順口。

到奧古斯汀草皮吹吹風

主人先填飽肚皮後，就可以前往據說有800坪的奧古斯汀草皮吹風，牧場內的草皮很安全，四處都有圍欄防止

1 幼稚卻很可愛的父女檔
2 100號牧場的主建築

狗狗跑出牧場。若恰巧碰到人潮較少的時候，老板還會與客人互動，例如我們去的那天老板還牽出米米羊給我們認識認識。只是老板可能沒有先問過米米羊的意見就是了，如果米米羊可以表達意見，他應該很不想要與阿蜜相見歡吧！

寶貝的 狗言狗語

我不要認識他啦～～～ ☹

奇妙羊！

主人，我並沒有想要認識這些黑狗呀～

● 評估指數

人潮出現指數：🦴🦴🦴

孩童出現指數：🦴🦴

體力消耗指數：🦴🦴🦴🦴

適合帶狗指數：🦴🦴🦴🦴🦴

😊 玩樂心得

狗狗入園雖然要花費，但知道入園費的50%用於中途狗醫療以及街貓狗的TNR後，令我由衷佩服業者。

❤ DATA

✉ 苗栗縣通霄鎮通灣里6鄰58號　📞 0919-565763

💲 15kg以下狗狗入場收費100元(不抵消費)，15kg以上狗狗入場收費150元(不抵消費)，門票每人100元(可抵場內所有消費)。　🕐 週五～日10:00～18:00

➡ 1.國道3號下61交流道，往通霄大甲方向一直直走，便會接回台1線，到指標129時放慢速度注意右邊即可看到

　2.國道3號下通霄交流道，往通霄接至台1線右轉往後龍方向(不要進市區)會穿越「慈后宮人行陸橋」，因有中央分隔島從慈后宮陸橋底下第一個缺口開始算，並開內線，到第五個缺口左轉至對向車道可看到100號牧場招牌(台1線指標130公里處)

經緯度

24.512101,120.686131

桃竹苗露營好去處

只有2天1夜的行程時，開著車帶著裝備找尋桃竹苗的露營區，保證新奇好玩又會讓您印象深刻。西北部的露營區大多位處山區，即使是夏日也十分涼爽，大部分的露營區多伴隨著清涼的溪流，可以一次滿足主人與狗寶貝的玩樂欲望。

海拔900公尺的幸福營區
泰安石水坊露營區

爸，你辛苦了，我先去玩了喔！

究竟是為誰辛苦為誰忙，大人辛苦的同時這些小孩早就玩成一團了

帶狗狗們出遊，除了民宿之外，露營也是一個很好的選擇，因為狗狗可以盡情的享受大自然，石水坊露營區共有四區獨立的露營環境，雖然每區都屬於小巧可愛的營區，但服務親切，因此深受狗友與遊客歡迎，位在海拔約900公尺高，因地名原為石水(客語)，故取為石水坊。

常常與狗友們相約露營，但每每總是大人們辛苦的搭帳篷與準備食物，而一群小狗們早就成為好朋友而打成一片。天色漸暗，晚上的營地好安靜，山上溫度約22度左右，十分涼爽！大概10點半，一群人與一群狗便緩緩地睡去。

貼心小提醒

垃圾隨手帶走

這裡是主人全家人用愛，一花一草親手打造屬於自己的小小夢想。非常歡迎帶狗狗的人前來露營與旅行，或在此喝咖啡、發呆。在這大自然中，一個人與一隻狗也可以很幸福，幸福的同時，也記得維持營區環境，將笑聲留在山中，不屬於這裡的垃圾雜物全都要隨手帶走喔！

❤ DATA

● 評估指數

人潮出現指數：🦴🦴🦴
孩童出現指數：🦴🦴🦴
體力消耗指數：🦴🦴
適合帶狗指數：🦴🦴🦴

😊 玩樂心得

若是有其他狗狗一起露營的話，即使狗狗很乖，但在外仍需多注意，最好分開餵食，雖然有些狗狗不會護食，但不代表一定安全！

✉ 苗栗縣泰安鄉清安村8鄰182號
📞 (037)994-997，0928-994-997
🕘 09:00～21:00
💲 國小一年級以上每人200元
➡ 國道1號苗栗交流道下，走台72快速道路(往大湖汶水)，至終點汶水下往泰安溫泉方向，過豆腐美食街，在停車場前右轉苗62-1上山，過清安國小後叉路右轉，約4公里循石水坊指標即可抵達

經緯度

24.442561,120.935999

特別推薦

充滿思念的逗號民宿

逗號民宿是由一對思念愛犬的Onor的夫妻親手打造。Onor是來自紐西蘭的導盲犬，她的前半輩子為盲人服務，帶領她的盲人主人向前行，當她離世時，還將她留在人間的身軀貢獻給醫學研究，從Onor身上我們感受到好多好多的愛。雖然Onor離開，但Onor麻咪對她的思念並沒有減少，因此與Onor爸比一磚一瓦的打造逗號民宿，也讓Onor的愛與精神在台灣土地上延續下去。

逗號，在一個句子裡是停頓的意思，而那正是「逗號民宿」想要給狗狗及主人的心意，這裡是一個可以休息放鬆盡情玩耍的地方，有占地近3,000坪的狗狗運動場可以奔跑，有清澈的小溪可以游泳，不想被打擾的狗狗及主人，可以窩在房間裡，聽聽一旁潺潺水聲，或是在每個房間的獨立草地上，一起打滾也行。

逗號民宿是間專為狗狗打造的寵物民宿，因此它的房間命名也很可愛——東看看、皺皺鼻、西看看、豎耳朵、搖尾巴、打個滾、甩一甩、跑一跑、翻肚子、哈哈笑。今天，你想要住哪間呢？

DATA

✉ 苗栗縣南庄鄉南江村17鄰福南58號

☎ 0975-820058

經緯度

24.579993,120.987394

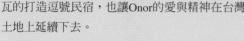
和狗寶貝的回憶錄

在這裡貼上你和狗狗們的親密照，記錄你們最珍貴的回憶

旅遊手札隨手寫

中台灣篇

漫遊森林享樂登山趣

→ 中部是一個很棒的地方，無論對住南部的朋友或是住北部的朋友來說，都只需要花幾小時的車程，當天來回雖然辛苦了點，但仍可以列入一日遊的範圍；南投景色猶如世外桃源，很多美景等著大家去發掘！準備好了嗎？讓我們來台中南投賞美景吧！

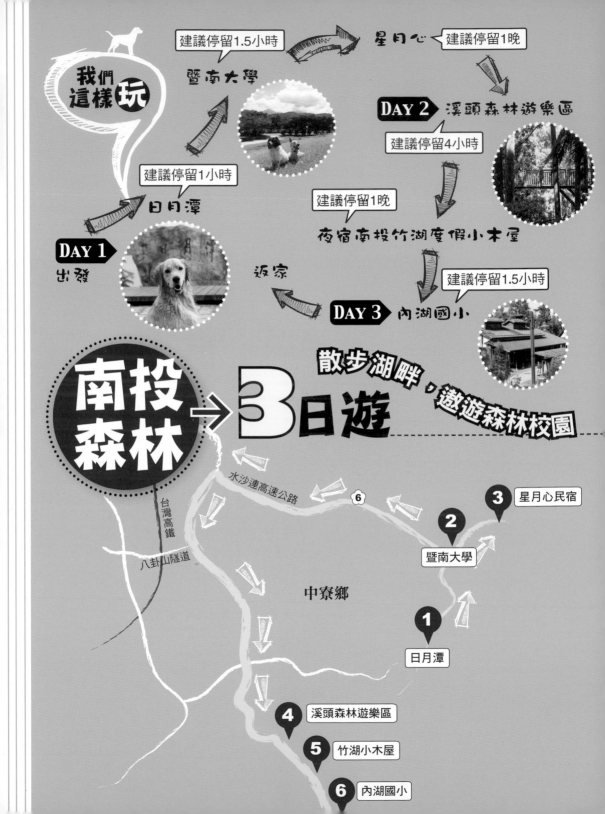

我們這樣玩

建議停留1.5小時　暨南大學

星月心　建議停留1晚

DAY 2　溪頭森林遊樂區

建議停留4小時

建議停留1小時　日月潭

建議停留1晚　夜宿南投竹湖度假小木屋

DAY 1　出發

返家

DAY 3　內湖國小

建議停留1.5小時

南投森林 → 3日遊

散步湖畔，遨遊森林校園

水沙連高速公路

6

3　星月心民宿

2

台灣高鐵

暨南大學

八卦山隧道

中寮鄉

1

日月潭

4　溪頭森林遊樂區

5　竹湖小木屋

6　內湖國小

第一天 第①站

多種生態的國家級風景區
日月潭與水社碼頭

　自從國道6號開通後，開車到埔里的時間減短許多，於是閒來無事就可以帶著狗兒來好山好水的南投玩。南投3天2夜行的第1站可以先直達日月潭，散步於湖畔感受悠閒氛圍。日月潭國家風景區位於南投縣中部，為國家級風景特定區，日月潭位於魚池鄉，為台灣第二大湖泊，湖面海拔748公尺，自然生態豐富，亦為含最多外來種生物的淡水湖泊之一，由於景色優美，曾被列為台灣八景之一。

欣賞美景、下水悠游一番

　詩情畫意的日月潭，兼具人文與景觀之美，是國內外頗具盛名的景點，在日月潭四周共有水社碼頭、德化社碼頭、朝霧碼頭、玄光寺碼頭等四個公共碼頭，其中水社碼頭最適合讓狗兒下去游泳。看完美景後，當然不免俗地要給狗狗們悠遊一下，日月潭雖然占地廣闊，但因為假日人潮較多，所以停留的時間不宜太久，讓狗寶貝下水開心游泳後，就可以離開往下一個景點前進。

感謝LU家的圓圓、Jumbo、LuLu、Jimmy友情客串

天色漸黑，展現另種風情的水社碼頭

●評估指數 ⅢⅢⅢⅢⅢⅢ

人潮出現指數：🦴🦴🦴
孩童出現指數：🦴🦴🦴
體力消耗指數：🦴🦴
適合帶狗指數：🦴🦴🦴

😊 玩樂心得

日月潭假日人多，要牽好狗寶貝的牽繩喔！

✉ 南投縣魚池鄉中山路599號
🕐 全天
➡ 國道6號愛蘭交流道下，接台14線往埔里方向，再接省道台21縣往魚池，即可抵達日月潭

💟 DATA

經緯度

23.871711,120.920677

人文薈萃和自然景觀的校園
暨南大學

暨南大學位在純樸的埔里鎮上，是個人文薈萃並擁有豐富自然及人文景觀的地點，霧社、奧萬大、日月潭、合歡山等都在附近，俯拾皆是美景。台灣每所大學皆各具特色，假日時學校幾乎沒有學生，何必去風景區人擠人，剛好趁此時獨享校園的美景。所以在日月潭悠遊完後，可以沿路短暫停留埔里酒廠，再至暨南大學。

陽光再大也要在草皮打滾

南投的天氣有些炎熱，暨南大學裡有許多陰涼處擺放椅子供人們休息，吹著風發著呆，相當愜意。在輕鬆舒服的氣氛下，狗兒們都放棄到陽光下奔跑，不過當我帶著他們跑到草坪後，大夥就玩得不亦樂乎了。

豬豬由於腳腳不能狂奔，但那麼大的草坪他一定會失心瘋的想奔跑，狗狗不懂得保護自己，出門玩主人要多保護他們，所以這天幾乎都只有牽著豬豬讓他慢慢走，只有要回家前讓他自由跑跑一下。我相信豬豬一定懂我的苦心的，是吧！

1 帥氣滿分的豬豬
2 牛牛在暨南大學系館裡的牛牛下躲太陽
3 歐風感十足的暨南大學
4 兩姊弟跑到好遠，只看的到一點點身影

 熱呼呼

 我們在這裡，看的到我們嗎？

●評估指數
😊玩樂心得

人潮出現指數：🦴🦴🦴
孩童出現指數：🦴🦴
體力消耗指數：🦴🦴🦴🦴
適合帶狗指數：🦴🦴🦴🦴🦴

帶狗到南投旅行，到暨南大學跑步是一定要有的行程！

✉ 南投縣埔里鎮大學路1號
🕐 全天
➡ 國道6號愛蘭交流道下，接台14線往埔里方向，至指標54公里處右轉台21縣往日月潭方向，行約2公里於指標51公里處右轉

經緯度

23.951143,120.930665

第一天

第❸站

最親切純樸的住宿環境
星月心民宿

住宿埔里鎮我最喜歡的便是星月心民宿(舊名台灣之心民宿)。如同它的名字，民宿正好不偏不倚坐落於台灣正中心處。民宿旁邊，就是台灣地理中心碑的大公園！

我們入住這棟民宿時它才新蓋不久，雖然很多設備還未齊全，但已經讓我們很滿意了！民宿1樓有一個很大的空間，讓大家可以在這裡閒聊。每間房間都是獨立門戶，出入不會影響到主人以及其他客人，房間設備很乾淨也很簡單，是我很喜歡的類型。

難得睡那麼近

2

連狗兒都睡得香甜、住得舒適

民宿的負責人是南投人，他說他生平最遠只去到台中。在和他的談話中，可以發現他還保有南投小孩的純真與樂觀天性。非但感受不到部份民宿只為了賺錢的市儈，反而讓人感覺好說話，並有著豪邁的親切感。

民宿的環境實在太舒服，還未到平常的睡覺時間，三隻狗寶貝就已經睡到翻肚子了，如此安心地一覺到天亮，無論我怎麼吵他們都吵不醒呀！果然是個可以令狗兒們放心的住宿環境。

3

4

1 一踏出民宿就是台灣地理中心碑公園
2 豬豬貼心的將我們帶來的毯子讓給米蘇睡
3 牛牛很融入這裡的環境
4 出入不須經過大廳，採獨門獨戶

●評估指數 ‖‖‖‖‖‖‖‖‖‖‖‖‖‖

人潮出現指數：🦴🦴🦴
孩童出現指數：🦴🦴
體力消耗指數：🦴🦴🦴
適合帶狗指數：🦴🦴🦴🦴

😊 **玩樂心得**

星月心有規畫可帶寵物的房間與不可帶寵物的房間，記得先詢問是否還有寵物房，以免到了南投才發現沒有房間！

💙DATA

✉ 南投縣埔里鎮中山路一段425號
📞 0975-633985(蔡先生)
🕐 08:00～21:30，請於訂房時間來電
🛏 適合帶狗住宿指數：★★☆☆☆
➡ 國道6號愛蘭交流道下，走台14線往埔里方向，行經愛蘭橋，遇岔路左轉信義路直行，約10分鐘接中山路直行，即可抵達

經緯度

23.974125,120.980291

第二天

第 4 站

漫步大學池，享受芬多精
溪頭森林遊樂區

1

在星月心民宿睡飽後，隔天一早可以先到旁邊的台灣地理中心碑散步，再開車前往溪頭。溪頭林相優美、氣候涼爽，規畫設置為森林遊樂區，一年四季遊客絡繹不絕。為了要一睹大學池的風采，於是乎帶著阿蜜在溪頭裡拼命暴走！前往大學池的路上風景優美，運氣好還可以遇到畫家在這裡創作。

大學池屬於台灣大學實驗林場裡的一潭清池，

2

從入口算起，單趟約2.5公里就可抵達大學池，大學池這裡有空中步道，聽說有7層樓高，一向蝦米攏嘸驚的阿蜜當然也要走看看。大部分的狗兒都會害怕高處，阿蜜也不例外，阿蜜一開始都走得很害怕，還一度嚇到蹲低身子。

腳痠痠了

3

為了一睹神木風采，我們又多走了好幾公里。偶爾假日來健走也很不錯，趁機消耗阿蜜多餘的體力。但抵達神木的時候，我們的腳已經承受不了自身的體重了，幸好神木離出口還不太遠，不然我們很懷疑是不是回得了家，美麗又令人腿軟的溪頭，相約下次再見。

● 評估指數 ‖‖‖‖‖‖‖‖‖‖‖‖‖‖‖‖‖

人潮出現指數：🦴🦴🦴🦴
孩童出現指數：🦴🦴🦴
體力消耗指數：🦴🦴🦴🦴🦴
適合帶狗指數：🦴🦴🦴

😊 **玩樂心得**

溪頭的路不好走，記得穿步鞋，原以為走完會鐵腿，結果隔天上班大小腿沒想像中的疼痛，很快就恢復正常了。而阿蜜完全沒事，當時真怕她的小狗腿又鐵腿，真是萬幸。

✅ DATA

✉ 南投縣鹿谷鄉森林巷10號
☎ (049)261-2111　🕐 07:00～17:00
💲 假日：全票200元，優待票150元、學童票100元；
　　平日：全票150元，優待票120元、學童票80元
➡ 國道3號竹山交流道下，往竹山方向(不進市區)，轉151線經鹿谷至溪頭

經緯度

23.671667,120.798056

1 當日正在整修的大學池
2 大學池旁某聾啞畫家的
作品
3 看神木去囉
4 好高的木橋(抖)
5 當日同行的阿呆一家人
6 森林的芬多精讓人忘卻
煩惱

寶貝的
狗言狗語

走！去看神木～

為了這裡我
們走了好幾
公里的路。

阿蜜啊，走
邊邊比較有
安全感嗎？

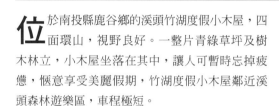

第5站

綠蔭遍布的靜謐森林
竹湖度假小木屋

1

位於南投縣鹿谷鄉的溪頭竹湖度假小木屋，四面環山，視野良好。一整片青綠草坪及樹木林立，小木屋坐落在其中，讓人可暫時忘掉疲憊，愜意享受美麗假期，竹湖度假小木屋鄰近溪頭森林遊樂區，車程極短。

聆聽大自然的交響樂 🐾

老板很隨和，打電話訂房時告知他說我們要帶狗狗，他馬上就答應了，語氣中也沒有絲毫不歡迎。竹湖裡有多間小木屋，小木屋的外觀大致相同，每間都被樹蔭環繞！房間裡就是一張雙人床加簡單的配備，外加一間寬敞的廁所，帶狗狗相當自由！可能是這裡的環境太安靜，早晨的雞叫就特別顯著，阿蜜似乎害怕雞叫，變得有點神經兮兮，所以我們一早就起床了。這些雞大概是想告訴我們一日之計在於晨吧！

民宿內還有大大的草皮隨便我們奔跑，一大清早不用聽音樂，因為有最自然的雞鳴可以聽，所以阿蜜也一早就隨著大自然的音樂起來辦運動會了。民宿附的早餐是番薯竹筍包加紅茶，很簡單卻很有當地特色，到這裡就是要融入當地，所以一定要細細品味！

2

3

1 被青山環抱的竹湖度假
小木屋
2 一早起床先在度假村中
跑1,000公尺衝刺的阿蜜
3 獨立出入，不用擔心打
擾到別人
4 簡單卻很乾淨的住宿環
境
5 入住小木屋的獨立車庫
6 一早起床就到處亂跑的
阿蜜

嗨到都跑出界了

●評估指數 |||||||||||||||||||||

人潮出現指數：🦴🦴🦴🦴
孩童出現指數：🦴🦴🦴
體力消耗指數：🦴🦴🦴🦴
適合帶狗指數：🦴🦴🦴🦴

😊 玩樂心得

老板對狗狗真的很歡
迎，說要帶狗也一口
答應，訂房時我們還
主動強調：「我們要
帶的是大狗喔！」，
現在回想起來真的很
好笑。

✉ 南投縣鹿谷鄉中正路三段708巷8號
☎ (049)275-0118
🏠 適合帶狗住宿指數：★★★★☆
➡ 國道3號竹山交流道下，接台三
線，左轉保甲路，接151線道往
鹿谷方向即可抵達溪頭竹湖度假
小木屋

♥ DATA

經緯度

23.755756,120.743743

第二天

第❻站

四年甲班
4th Grade

全台最美麗的森林小學
內湖國小

1

南投的內湖森林小學是在921地震之後重建的學校，是一所以發展生態教育為目標的森林生態小學。小學內全部採用原木為建材，並充分配合當地景觀特色進行設計，成為一間極受遊客歡迎的森林小學。第三天要回家前，可以先到內湖國小附近走走，你會發現到南投的美。

日式建築好懷舊

內湖國小號稱全台灣最美麗的小學一點也不為過，約莫下午兩點多我們經過它時，它已經被大大小小的車包圍了。校舍也蓋得很有特色，好像回到日本時代，校園環境清幽，建築設計跳脫制式，跟一般市區內冰冷的磁磚建築差好多，在這裡念書好幸福啊。而且實地走過，發現校園內高低起伏還融入了大自然的動線。

有時候會遇到這裡的學生，他們對狗狗都感到很有興趣。還一直搶著要丟玩具給阿蜜玩，是一個很單純很親切的地方。

1 幸福的阿呆一家人
2 很難想像這裡是小學校園
3 狗狗可註冊念書嗎
4 當地的小學生一直想要找阿蜜玩
5 大家有看到阿蜜在哪裡嗎
6 超特別的教室
7 充當今年入學新生的阿蜜與阿呆

2

3

如果我可以每天在這裡念書就好了！

我們來陪你玩

貼心小提醒

廁後保持清潔

雖然老師與學生們都很歡迎到訪的遊客,但請大家務必要有公德心,不要亂丟垃圾,使用廁所後請保持乾淨,不然小朋友和老師就必須幫大家清理,這相當令人過意不去。

我是阿蜜的好朋友——阿杲

●評估指數

人潮出現指數: 🦴🦴🦴

孩童出現指數: 🦴🦴🦴

體力消耗指數: 🦴🦴

適合帶狗指數: 🦴🦴

😊 **玩樂心得**

內湖國小假日是全天開放,但一般日限制4點放學以後才能進入學校參觀。若開放時間遇到學生在校學習,請遊客避開教室,以免影響到學生和老師!由於地處山區,偶有蛇類出沒,也請小心。

📖 **DATA**

✉ 南投縣鹿谷鄉興產路51號

🕐 假日全天,平日下午4點過後

➡ 國道3號竹山交流道下右轉接台3縣(集山路二段),往竹山鹿谷方向行駛,集山路二段過橋後左轉,接縣道151號(保甲路)往鹿谷溪頭方向約12.5公里處

經緯度

23.713025,120.780238

中部踏青好去處

中部地區很特別的是,台中屬都會區,而彰化與南投卻讓人感覺純樸,所以到中台灣的不同地點踏青,可體驗到不同的生活感受。台中的綠園道除了可踏青散步之外,假日時愛心人士會固定舉辦認養大會,提供給想要找尋狗狗家人的人免費認養喔!

兼具綠地與休閒空間的休憩所
台中都會公園

台中都會公園是一個大型都會森林公園,規畫有廣大的綠地與民眾休閒空間,提供都會最佳休憩場所。「只要有好天氣,就會有好心情」,是我們家的標準寫照,台中天氣經常艷陽高照,於是每次到台中玩都有著超級好的心情!

從狗寶貝們笑得花枝亂顫的笑容就可以知道他們有多開心,喜歡看著他們的笑容,怎麼也不會膩。都會公園早上的人都不多,可以不用顧忌他人的眼光,與狗狗盡情在公園內玩耍,拍著小狗們與光影的照片,幸福感油然而生。越接近中午,都會公園散步的人越多,不過都會公園的占地遼闊,所以幾乎不會影響到其他遊客,這裡有許多松鼠跑來跑去,

松鼠快下來陪我玩~

當牛牛發現這邊有松鼠的時候,整隻狗蹦蹦跳跳的好開心啊!

就是這樣,靜靜的,什麼都不用做,單純的坐在草地上看狗寶貝們玩耍,光看著他們滿足的趴在草地上對著我微笑,就是此刻最幸福的事。

1 都會公園停車場旁的景致
2 想要狩獵松鼠的牛牛
3 陪賴老爺來比賽順便玩耍的小狗們

●評估指數

人潮出現指數:
孩童出現指數:
體力消耗指數:
適合帶狗指數:

☺ 玩樂心得

台中都會公園占地廣大,喜愛騎單車的遊客也可以來這裡享受騎單車的樂趣。除了都會公園園區以外,園區旁腹地也很適合騎車閒晃!但來這裡玩耍的小孩子較多,帶狗狗的旅客要小心看著自己的狗寶貝!

♥ DATA

✉ 台中市西屯區西平南巷30之3號 🕐 全天
💲 平日:大客車每次60元,小型車每次30元,機車每次20元
假日:大客車每次100元,小型車每次50元,機車每次20元
➡ 國道1號台中交流道下,接中港路往沙鹿方向,至玉門路右轉,到西屯路左轉後直走即可抵達

經緯度
24.205318,120.596257

全新打造的美麗車站
車埕車站

南投 CHE CHENG 車埕

車埕車站是集集線的終點，有「最美麗的車站」雅稱，在921大地震時損毀，重建後呈現全新木造建築風貌！園區的售票區依然保有原始風貌，還提供了一個車埕車站的牌子供遊客拍照用。除了售票處外，另外還有火車站與火車供遊客拍照。

車埕車站往內走，還有一個小小的休憩區，休憩區中間有一座小湖泊，湖上有許多小鴨在悠閒地游著，原本氣氛是很寧靜的，但這群小鴨子卻啓動了牛牛的好動開關，她一直想要跳水與鴨子一起游泳，我們連忙阻止，牛牛的行爲逗得旁人笑嘻嘻，卻讓湖裡的鴨子十分不安，於是趕緊將牛牛帶離湖畔。

實用家具DIY

最後，別忘了到藝品區逛逛，藉由消費促進當地經濟發展，藝品區裡有一家全部都是由木頭創造出的家具，可以自己買回家DIY組裝，當天我們就滿足地帶著一張超實用的木頭椅以及一堆特色紀念品回家。三隻寶貝玩得很開心，我的心情也不由自主輕鬆起來，果然旅行是心情愉快的良藥呀！

1 復古的火車車廂　**2** 月台正好整修中，現在應該變漂亮了吧
3 商店街　**4** 全家於湖畔旁難得成功的合照

●評估指數

人潮出現指數：
孩童出現指數：
體力消耗指數：
適合帶狗指數：

😊 玩樂心得

這邊的商店不多，但是徐小蛋習慣到每個地方都會消費，讓這個地方能永續經營下去。

🔻 DATA

✉ 南投縣水里鄉明泉段2號　📞 (049)277-4749
🕐 08:00～18:00
➡ 1.南下：國道3號至名間交流道下，左轉台3線往集集方向，再接台16線往水里之後，再接投131線往車埕
2.北上：國道3號至竹山交流道下，左轉台3線往社寮，往集集方向再接台16線往水里之後，再接投131線往車埕

經緯度

23.832445,120.865731

搭彩繪小火車認識糖廠
彰化溪湖糖廠

位 在彰化的溪湖糖廠創立於民國8年，在台灣早期的經濟發展上占有一席之地。溪湖糖廠已成功轉型為觀光糖廠，發展出許多休閒活動，包括最為著名的觀光小火車，目前共有三列彩繪小火車，每天於固定時間搭載乘客環繞糖廠。五分車指的是兩個鐵軌之間的距離，國際標準的軌距是143.5公分，而台糖小火車的軌距只有76.2公分，也就是說只有標準軌距的一半，因此而稱作五分車。五分車一趟來回約50分鐘，中站停靠濁水站再折返，沿途車上導覽說明生動活潑，而且車速約15公里，對狗兒們來說不會太刺激。

絕不能錯過的好滋味

而來到溪湖糖廠當然不能錯過品嘗台糖的冰品，這裡販售冰淇淋、甜筒、冰棒以及古早味月明冰，絕對讓您回味無窮喔！而且溪湖糖廠的銷售額僅次於花蓮光復糖廠，可見它的冰品有多受歡迎。此外，現在也開放民眾前往製糖工廠參觀，帶您回顧台灣製糖產業的歷史。

小火車要出發囉！

1 小火車要發動囉
2 火車與阿蜜都好可愛
3 參觀方向指引

●評估指數

人潮出現指數：	🦴🦴🦴
孩童出現指數：	🦴🦴
體力消耗指數：	🦴🦴
適合帶狗指數：	🦴🦴🦴

😊 玩樂心得

觀光小火車有固定的搭乘時間，現在改整點發車一次，每逢週日10點及14點是蒸汽火車頭，不過小心坐完蒸氣火車頭會灰頭土臉喔！

⌄ DATA

✉ 彰化縣溪湖鎮彰水路二段762號
📞 (04)885-5868
🕐 冰品部09:00～21:00
➡ 1.北上：國道1號北斗交流道下，往埤頭方向，遇彰水路右轉，直走即抵達溪湖糖廠
2.南下：國道1號溪湖交流道下，往往溪湖方向，遇東環路左轉，直走即抵達溪湖糖廠

經緯度 23.952036,120.481195

騎單車逛市集、賞花卉
田尾公路花園

田尾公路花園占地廣大，用走的一天都走不完，這裡路兩側的園圃規畫為花卉專業區，美化沿路風光，營造綺麗路況，公路花園位於田尾鄉園藝特定區內，全區從事庭園苗木盆栽及花卉栽培，是全台灣最大的花卉樹木盆栽集散區。環園道路北起民生路南至民族路，全長4.7公里，寬9公尺，區內面積341公頃，為盆栽苗木生產專業區，私有花園近250家，很多自家賣花草樹木別樹一格，將這裡營造出不一樣的風情。

逛花草市集、懷舊攤販

很多人都會在假日來這邊騎自行車逛花草市集，還可以順便吃吃喝喝玩遊戲，一出田尾的公有停車場，就有好多復古的老舊的攤販，擺了一些夜市的小玩意供小朋友們玩，當然也引起我們的童心，在這邊玩了一下才進入位於公路花園中心的公園裡。公園裡也有少許遊樂設施，其中一樣是射箭，我們家可都是很欽佩與崇拜賴老爺的射箭技巧。若你的狗寶貝會乖乖地坐在三輪車上，也可以租三輪車逛田尾公路花園。

1 田尾公路花園的中央大公園
2 賴老爺可是擁有射箭教練的執照喔
3 充滿童趣的小地方

這裡的公路花園好大好多條，錯綜複雜，逛都逛不完

●評估指數

人潮出現指數：🦴🦴🦴
孩童出現指數：🦴🦴🦴
體力消耗指數：🦴🦴🦴
適合帶狗指數：🦴🦴

😊玩樂心得

這邊適合租車騎著逛，帶狗寶貝的話就要租二輪車後面就可以載狗狗囉，但要注意不要讓小狗跳車。

🔽DATA

✉ 彰化縣田尾鄉
🕐 依店家不同而異，公園則是全天開放
➡ 1.南下：國道1號接員林路段東西向快速公路，由快速道路員林交流道下高速公路後右轉，直行台1線，經永靖即可至田尾
2.北上：國道1號北斗交流道下，走省道台1線經北斗即可到達

經緯度

23.895329,120.530441

中部有名的福壽山、合歡山等知名大山，總是充滿著絡繹不絕的登山客，但登山健行並不只是登山客的專利喔！帶著狗狗也是可以爬山的，但切記要做好事前的準備與規畫路線，同時放慢腳步，要帶著狗狗征服合歡山主峰也不困難喔！

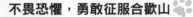

登上最高峰，一覽人間美景
合歡山主峰步道

合歡山主峰周圍沒有阻擋視野的山巒，站在山頂上環顧四周風景極佳，合歡群峰、奇萊連峰甚至玉山都可一覽無遺，清晨可以欣賞從立霧溪口冉冉上升的日出，傍晚則可以看夕陽緩緩沈入山稜。挑戰合歡山主峰不再只是體力好的爬山者的權利，連我們這些帶著狗寶貝旅行的人，也可以去挑戰！一到合歡山，藍天、白雲、微風令人心曠神宜，看到這兒的美景，剎那間洗去平日工作忙碌的塵埃，霎時不知每天汲汲營營究竟所求爲何？

就是這樣，靜靜的，什麼都不用做，單純的坐在草地上看狗寶貝們玩耍，光看著他們滿足的趴在草地上對著我微笑，就是此刻最幸福的事。

不畏恐懼，勇敢征服合歡山

這天與一群養狗的同好們相約挑戰合歡山主峰步道，一群人都不是專業的山友，有人甚至是第一次挑戰百岳，初生之犢不畏虎，大家都沒想太多就分別帶著自己的狗寶貝們出發，經由步道準備征服合歡山主峰！就這樣邊走邊玩，想不到大約2小時左右，我們這群老弱婦孺竟然也登上了台灣百岳之一！

原本感覺爬百岳需要很多的體力，但是發現很多人一起的話，大家情緒都好亢奮，完全不輸給年輕人，所以保有一顆年輕的心是面對萬事的不二法門。

●評估指數 ||||||||||||||||||||||

人潮出現指數：🦴🦴🦴🦴🦴

孩童出現指數：🦴🦴🦴🦴🦴

體力消耗指數：🦴🦴🦴🦴🦴

適合帶狗指數：🦴🦴🦴

☺ 玩樂心得

1. 遊客登山一般都走登山口路線，路程約需60分鐘。

2. 另有兩條路線，武嶺上方的岩壁及未到武嶺的轉彎處，從這兩處上山，雖較快但很危險，現已立告示牌，並有警察看守。

3. 合歡山區雖是大眾化的地區，交通也非常便利；但仍位於海拔3,000公尺以上，應特別注意氣候變化與高山症的徵狀。

4. 合歡山區遊客量多，請維護當地的環境，勿隨意棄置垃圾，造成自然生態環境的傷害。

♥DATA

✉ 南投縣仁愛鄉

🕐 全天

➡ 國道6號走到底後，接台14縣至仁愛鄉後，接台14甲至30.8公里處聯絡道路可直通峰頂

經緯度

24.133683,121.271542

我征服了合歡山，哇哈哈哈哈！

1 女兒果然是爸爸上輩子的情人　**2** 出發囉　**3** 阿蜜也征服了合歡山　**4** 全部都是沒有爬山經驗的肉咖，但也順利的挑戰合歡山成功

和狗寶貝的回憶錄

在這裡貼上你和狗狗們的親密照，記錄你們最珍貴的回憶

旅遊手札隨手寫

南台灣篇

逛街吹風看海逐浪最活力

→ 想要享受悠閒的氛圍，嘉南地區絕對是旅遊的好選擇，嘉南平原占地遼闊且地形平坦，伴有南部居民的熱情，因此每次帶狗兒遊玩南部地區，總是帶著滿滿的愉快心情回家；而墾丁地區有好多民宿都願意接納帶狗的旅客，好玩景點多又住得舒適，是我們每年一定會安排一次旅行的地點！準備好了嗎？讓我們前往南部地區與熱力四射的墾丁吧！

我們這樣玩

建議停留1晚

旗山三合院民宿

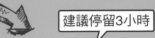
DAY 2 中山公園(孔廟)

建議停留3小時

建議停留2小時

旗山老街

DAY 1

出發

返家

旗山風味→**2**日遊

嚐美食,逛老街,探訪孔廟

3

中山公園 & 孔廟

1

旗山老街

延平一路

濟南一路

花旗路

中華路

旗甲路

南勝巷

濟南一路

旗南橋

旗甲路

旗山三合院民宿 **2**

第一天 第①站

豐富美食、人情味十足的復古老街

旗山老街

旗山老街從旗山火車站往外延伸，早期是以糖業帶動當地的市街發展，其中以石塊堆砌而成的圓拱亭仔腳爲主要的景觀特色，雖然現在已經看不到昔日的建築風貌，但人情味與餘留的風情仍令人感到驚豔。旗山老街讓我感到驚奇的，除了這裡的復古韻味外，更令人意想不到的是，在這條短短的街道裡，竟然隱藏著那麼多樣且豐富的美食。

壯碩的小白法鬥是旗山老街的名狗

逛小景點也悠閒
這樣一條短短的旗山老街，就讓我們在裡面待了3小時左右，老街中有一間滿大的寵物用品店，連美容洗澡的服務都有。所以要帶狗狗來旗山玩的朋友們不用擔心沒地方買寵物用品！逛完老街後，可以在附近的景點散步，旗山其實有好多漂亮而悠閒的小景點可以逛，到處看看拍拍的感覺非常的好。旗山並不算是一個旅遊的熱門景點，因此人潮也不多，玩起來非常舒服，而且這裡多半是戶外景點，因此帶著狗狗逛老街與景點是不成問題的！

擁有60多年歷史的老店

● 評估指數 ||||||||||||||||||||

人潮出現指數：🦴🦴🦴
孩童出現指數：🦴🦴
體力消耗指數：🦴
適合帶狗指數：🦴🦴🦴

☺ 玩樂心得

第一天舟車勞頓來到旗山，可先到民宿Check in，若您選擇的民宿剛好與我去住的旗山三合院民宿一樣，可將狗兒獨自留在房間裡(要確保狗狗很乖、不會亂叫、不會上床不會搗蛋，且要先跟民宿主人溝通)，就可將狗狗安頓好後去逛旗山老街，當然也可以帶著狗狗一起逛旗山老街喔！

◆ DATA

✉ 高雄市旗山區復新街

➡ 1.國道1號：由路竹交流道下，循184縣道東行即可到達旗山老街

2.國道3號：由田寮交流道下，循184縣道東行即可到達旗山老街

經緯度

22.884940,120.482004

旗山老街美食大集合

朝林鮮果汁　超人氣的楊桃杏仁露汁

一進旗山，我就先發現了一間「朝林60年老店」楊桃杏仁露汁。剛到時排隊的人較少，我們便打算逛完老街後再來購買，但當我們逛了一圈回來，這裡已排了長長的人龍，簡直是晴天霹靂，排到一半甚至還出現供不應求的情況，我們一群人在原地等了半小時總算如願買到。楊桃杏仁露底部為杏仁，上方搭配楊桃汁，入口有點甜，但味道特別，香氣撲鼻，讓人回味再三！

當歸麵線　用料實在，價格親民實惠

這間位於旗山火車站前方的當歸麵線排了許多人，我們基於好奇心理，就進去品嘗一下。這間店的吃食並未每一項都列出價錢，雖然有個朋友說：「沒價錢的最貴！」，但既然都進來了，還是硬著頭皮點餐，每個人點了一碗當歸麵線搭配一塊鵝肉，部位不一，可能是鵝胸肉，也有可能是鵝腿。結帳時老板說：「120元」，於是大家分別心痛地各掏120元

出來，心裡暗自抱怨怎麼那麼貴！結果老板說：「不是啦，是3碗120，1碗40元！」雖然滋味只算中上，但價錢相當實惠！

三哥臭豆腐　外皮酥脆內軟，征服你的味蕾

在這裡，我們又犯了跟第一站一樣的錯誤！第一次經過的時候，完全沒有人，老板還對我們呼喊著說：「進來吃吃看喔！」結果我們一群人沒有人理會老板的呼喚，誰知道一下子後，整間店就客滿了，而且連外面的桌子都擺出來了！其實我們並沒有對這臭豆腐抱持著什麼特別的希望，所以6個人只合點了一盤臭豆腐。結果臭豆腐一入口驚為天人，馬上征服大家的味蕾，連嘴最挑的朋友都讚不絕口，立即又加點了一盤！這臭豆腐皮脆內軟，醬料也非常特別，泡菜更是為整體加分不少！

現烤菠蘿泡芙　口味多樣，香氣逼人

在旗山老街中，最後一個目標是現烤的菠蘿泡芙，口味超多種，有些是平常沒看過的口味。而且這間店賣的可頌香氣逼人，許多人都聞香而來，泡芙也確實非常好吃，不但入口即化，且餅皮依舊保持脆度，難怪總是大排長龍！

1 4 拿到鵝肉的部分是靠運氣的喔
2 3 必吃的三哥臭豆腐
5 現烤出爐的可頌相當酥脆

古早味的鄉村風三合院
旗山三合院民宿

旗山三合院民宿離交流道非常近，距離旗山市區只要10分鐘車程，往美濃、六龜也都很方便，而且住宿價格親民，不但很歡迎帶寵物旅行的客人，也給予狗主人們很大的自由。民宿入口處，就是一片綠意盎然的綠地，主建築則是很有特色的古早鄉村三合院，原本是自住住宅，後來民宿主人將部分設備與房間翻新後，開始經營民宿。復古的三合院建築中庭是偌大的廣場，不論

標準的三合院建築

是帶小朋友或是寵物，在這無車的環境中都非常的安全，民宿主人本身更是位救助流浪動物的愛心媽媽，本身也收養了三隻流浪狗。

在庭院乘涼聊天放鬆身心

在逛完老街與附近景點後，時間也快要傍晚了，旅行就是要享受輕鬆的感覺，千萬不要在一天內安排太多景點讓大家過度疲勞。逛完老街後就可以回民宿跟狗寶貝們玩耍！民宿入口右邊是停車場與果園，接著往裡面走便是極具傳統復古感的三合院，三合院前方的大空地十分受到三隻狗寶貝的青睞，住宿期間常常在這裡玩得不亦樂乎。

旗山三合院民宿的住房空間大得嚇人，我們家三隻小狗可以在房間裡辦運動會，就知道這空間有多大了。房間裡的設備就是床與衛浴，擺設很簡單。電視是在外面公用，但通常不會有人搶著看，因為來這裡就是要享受大自然的氛圍，因此大家反倒喜歡坐在院中乘涼聊天。

●評估指數

人潮出現指數：🦴🦴🦴🦴🦴
孩童出現指數：🦴🦴🦴🦴
體力消耗指數：🦴🦴
適合帶狗指數：🦴🦴🦴🦴🦴

☺玩樂心得

往民宿的路因為沒有大地標，所以比較難找，最快的方式就是沿著國道10號走到底右轉，看見413.5公里後順著路標走即可抵達！

◉DATA

✉ 高雄市旗山區廣福里中興街6號　☎ (07)661-4318
📩 適合帶狗住宿指數：★★★★☆
➡ 國道10號終點往右轉(往里港方向)，直走經過1個紅綠燈，右手邊有廣福派出所，再直走看見閃黃燈路口往溪洲的路標(原台3線413.5公里現改為411.5公里處)，閃黃燈路口有招牌，順著招牌找進來即可

經緯度

22.847774,120.487633

1

悠閒到我都
快睡着了～

2

天然有機的早餐最健康

　　這邊的清晨，空氣非常清新，不
時有鳥鳴與雞叫傳來；新鮮空氣、
鳥語花香，氣氛非常悠閒，視野所及
皆是花花草草，好像回到小時候的單純寧靜
感受，而且這裡的人都非常親切，可以感受到濃
濃的人情味，來到這裡可以放輕鬆、沉澱煩雜心
情。民宿老板娘準備的早餐，是很久沒吃到的清
粥小菜，還有飯後水果，更值得一提的是這些青
菜跟水果，都是老板娘自己耕種的，菜園就在三
合院民宿的後方，採用有機種植，天然又健康。

5

6

4

1 房間外的公共空間
2 只要有草坪跟陽光，就能讓豬豬露出開心滿足的笑容。
3 總是在三合院玩得毫無形象可言的小狗們
4 整片草地任我們隨意跑
5 夜間的三合院另有一番風情
6 老板娘的家常小菜，非常好吃；水果也是現摘的，很新鮮

第二天 第❸站

規模宏偉，東南亞最大的孔廟

旗山中山公園&高雄孔廟

1

旗山的高雄孔廟位於旗山中山公園內，規模宏偉，為全東南亞最大的孔廟。在民宿補足精神後，第二天可以來趟健行。在中山公園裡，除了循階梯而上，可俯視旗山街景之外，也可以由大門右邊小路，環繞中山公園一圈，途中還可居高臨下的俯瞰孔廟全景。

眼簾。這段路花費我們一個多小時走完，沿路並沒有路燈，不建議太晚出發。

由孔廟看出去的景色，比最高點的風景還美喔！旗山很小，所以點與點的距離都很近，走完中山公園一圈後，又可再度到旗山老街覓食，吃飽喝足後，就可以慢慢開著車回溫暖的家了！

1 高雄孔廟入口
2 繞著公園的小路雖然很多人來健行，但不太會相遇，所以狗狗可以盡情自由地活動
3 年輕就是本錢，走完小徑後只有米蘇還有力氣到處跑

處處充滿驚喜的浪漫小徑

繞著中山公園的小路常會有驚喜，途中多處地方展現不同的氛圍，沿途有平路也有階梯，還有充滿落葉、看來相當浪漫的小徑！途中有休憩地，可以邊走邊休息，人潮不多，讓三隻狗寶貝相當自在，也跑得很開心，走到公園最高處，旗山全景便映入

2

3

我的體力還很充沛

●評估指數 ||||||||||||||||||||||||||

人潮出現指數：🦴🦴🦴
孩童出現指數：🦴🦴
體力消耗指數：🦴🦴🦴🦴
適合帶狗指數：🦴🦴🦴

😊 玩樂心得

來的時間剛好是週一的話，孔廟是休館日，前方的大空地自然就成為狗寶貝們玩耍的好地點。不過走完環繞公園的步道後，體力差不多也放盡了，也沒有多餘的體力玩耍了。

💚 **DATA**

✉ 高雄市旗山區中山公園1號

🕐 公園全天，孔廟星期一不開放

➡ 從國道10號下燕巢交流道(旗山)，沿台3線往旗山／里港方向，台28線左轉，旗南一路右轉，中正路左轉

經緯度

22.870249,120.470326

我們這樣玩

建議停留1小時
後灣堤坊

萬里桐
建議停留1小時

夜宿月光邊境
建議停留2晚

建議停留1小時
保力社區

建議停留2小時
籠仔埔草原

民宿(續住月光邊境)
建議停留1晚

DAY 1 出發

DAY 2 星砂灣 — 建議停留2.5小時

DAY 3 白砂灣 — 瓊麻展示館 — 返家

建議停留2小時

建議停留1小時

墾丁熱力 → 3日遊

踩沙逐浪，看海吹風最逍遙

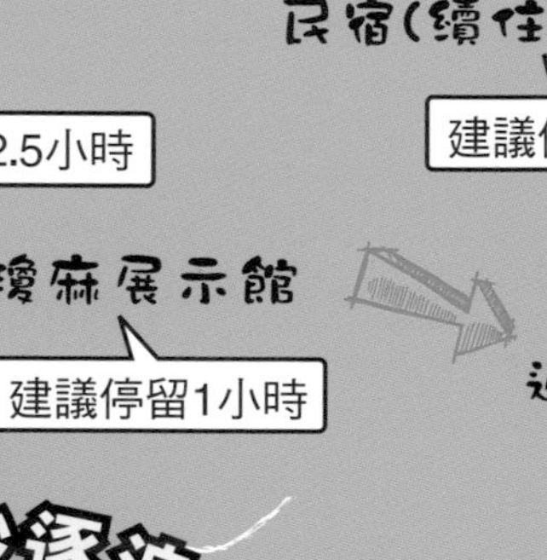

頂田中
車城
保力社區　①
車城鄉

後灣路
後灣堤防　②
大平
萬里桐　③
萬里路
蟳廣嘴
山海路

恆春鎮
月光邊境　④
星砂灣　⑤
墾丁　墾丁路
南灣路
屏鵝公路
瓊麻展示館　⑧
白砂灣　⑦
籠仔埔草原　⑥

好寬廣喔～
一望無際呢！

第一天 第❶站

造訪海角七號的電影場景
保力社區

由於國片海角七號讓許多人看到墾丁以外的好地方，也發掘出許多以前不為人知的小村落。來屏東，不一定要去熱鬧的景點，走訪這些出奇不意的小地方也很愉快！海角七號裡的保力社區，有茂伯摔車與阿嘉躲雨的雜貨店兩個景點，若非為探訪景點而來，純粹在這裡欣賞風景也是很棒的體驗。站在保力社區堤坊上看過去，一片平坦，有別於都市的高樓，讓人有心曠神怡的感覺，眼前所見都是寬廣的景色，連心胸也跟著開闊起來，不屬於熱門景點的保力社區很寧靜，可以好好沉澱一下自己的身心靈。

尋訪兒時回憶的零食玩具

保力社區裡的雜貨店，也是海角七號中的知名景點，一間沒有名字的雜貨店就在這裡靜靜守護著保力社區，佇立在保力村龍井路與保力路交叉路口，提供居民生活所需，裡面也充滿許多屬於小時候回憶的零食與玩具。雜貨店附近有許多貓咪悠閒的理著毛，或是在午後慵懶地在路上享受日光浴，就可感受到這裡環境有多麼輕鬆。除了保力社區外，附近隸屬屏東科技大學實驗林場的保力林場也很值得一遊。

1 可以先讓小寶貝在堤防邊放風
2 一望無際的寬廣視野，讓心情好舒服
3 電影場景中阿嘉躲雨的雜貨店

● 評估指數 ▐▐▐▐▐▐▐▐▐▐▐▐▐

人潮出現指數：🦴🦴🦴🦴🦴
孩童出現指數：🦴🦴🦴🦴🦴
體力消耗指數：🦴🦴🦴
適合帶狗指數：🦴🦴🦴🦴🦴

😊 玩樂心得

帶狗兒旅行須避免一味地往熱門景點跑，有時放鬆心情隨意走走也很不錯，還會有意外的收穫呢！

💙 DATA

✉ 屏東縣車城鄉保力社區
🕐 全天
➡ 走台1線（屏鵝公路）南下到保力時，於一處大路口對面（北上車道）就可看見保力社區入口石碑

經緯度

22.055516,120.727461

第❷站

坐落在後灣橋的小村落
後灣堤防

離開保力社區再往墾丁方向行駛，便可抵達後灣村。後灣位於車城鄉西南隅，是在海生館南邊的小漁村，有著天然的海灣，所以依著海灣築起了美麗的海堤，後灣的海岸線除後灣港為沙灘外，有綿密的裙礁圍繞。後灣堤防位在一個寧靜的小村落裡，最顯眼的就是紅色的後灣橋，在純樸的村落中畫下一抹色彩，令人沉浸其中。停車後發現這裡環境很安全，就讓豬豬、牛牛與米蘇自由散步，才一開車門三個狗寶貝咻的一聲就跑到不見狗影，只剩我們兩個老人背著狗碗在後面慢慢走。

我一點都不想跟馬麻拍照呀～

在木棧平台聽浪聲吹海風

沿著後灣堤防步行，邊走邊欣賞海景，左側為寧靜的鄉間小路，右邊則是廣闊的大海。後灣堤岸有個木棧平台，很適合大家一起坐在地上拍全家福，可將後灣的海景一併入鏡，聽著浪聲吹著海風，讓海風吹走一切煩惱吧！享受著獨一無二的南國風情，也讓狗寶貝看看海，用力記下生命中的美好。

1 鮮明后灣橋，在純樸的村落裡很顯眼
2 很失敗的全家福，但是卻有幸福的感覺
3 豬豬的耳朵被風吹得飛呀飛的

● 評估指數

人潮出現指數：🦴🦴🦴
孩童出現指數：🦴🦴
體力消耗指數：🦴🦴🦴🦴
適合帶狗指數：🦴🦴🦴

😊 玩樂心得

後灣堤防的風相當大！我們原本滿滿的體力被風消耗殆盡，所以來這裡要有充分的體力唷！

✉ 屏東縣車城鄉後灣村
🕐 全天
➡ 國道3號南州交流道下，接台1縣，過楓港後接台26縣到達車城鄉，往海生館方向再轉入後灣村

❤ DATA

經緯度

22.040447,120.697059

第一天 第❸站

海域資源豐富的熱門潛點
萬里桐

萬里桐,一個很美卻一直被忽略的地方。萬里桐由於海域資源豐富,一直是很熱門潛點,不過一般人並不太清楚這裡,直到海角七號竄紅後,讓這裡熱鬧起來,現在多了很多慕名而來的觀光客。當地的居民甚至還特地掛了告示牌,告訴大家這邊就是拍攝景點!這邊的風景也很美,在這邊看海也讓人心曠神怡,萬里桐藍藍的天空,點綴著各式各樣的白色雲朵,畫面美不勝收,也適合跟狗寶貝拍合照留念!

跟狗兒子悠遊海底世界

享受著萬里桐的藍天、白雲的同時,若家裡的狗寶貝愛玩水,就放心讓他們下海去玩!從萬里桐到下水堀沿途,海水蔚藍清澈,海底景觀美麗,已規畫成海域生態保護區,就可以知道海底的景色有多美妙,浮潛也是一項不錯的選擇!若不想下水玩也沒關係,由於海水清澈見底,所以不用下到海裡,站在海邊就可以欣賞到精采而難得一見的海底生物。

我帥嗎？

1 學電影中拍劇照
2 舊漁船將小漁村的風情完全展現出來
3 豬豬在這藍天白雲的襯托下真的超帥的

●評估指數 ▏▎▍▌▋▊▉▊▋▌▍▎

人潮出現指數：🦴🦴🦴🦴
孩童出現指數：🦴🦴
體力消耗指數：🦴🦴🦴
適合帶狗指數：🦴🦴🦴🦴

😊 玩樂心得

萬里桐是一個好小好小好小的小鎮,來這裡別忘了到對面的海角八號商店交流一下,也別忘了脫掉布鞋、並拋開俗事,下海踩踩水吧!

❤ DATA

✉ 屏東縣恆春鎮萬里桐
🕐 全天
➡ 國道3號南州交流道下,接台1縣,過楓港後接台26縣到達車城鄉,往海生館方向右轉,過海生館至悠活麗緻度假村附近即抵達萬里桐

經緯度

21.995739 , 120.706186

第一天 第**4**站

色彩繽紛的鄉村小屋
夜宿月光邊境

路由台北邊開邊玩，抵達月光邊境時已是晚上，小巷內的月光邊境非常安靜，與吵雜的都會區不同。月光邊境用活力且繽紛的色彩迎接我們到來，我們忍不住要讚嘆：「真的好美！」。民宿的建築物分三個部分。中間是主建築，1樓為櫃檯，2樓則是民宿主人Grace與她的狗狗們自住的地方。左右兩邊各有側建築，是供客人住宿的地方，月光邊境的房間有區分成可帶狗與不可以帶狗。

這兒有三隻可愛的店狗及一隻店貓，但有客人

老板，我要
Check in!

住宿時，Grace擔心自己忙著招呼客人而沒時間看顧他們，所以通常有人住宿時，店狗們就會待在2樓，所以若您想要來看他們，可能會失望了。不過沒關係，Grace的FB上不時的會分享他們的訊息與介紹墾丁在地生活，大家可以上粉絲團去看他們喔！

民宿主人的貼心禮物 🐾

大概是為了體諒賴老爺一路上獨自開車的辛苦，以及我為了讓他們過好日子平常都在辛苦賺錢，這天米蘇一到月光邊境竟然就自動自發的幫我們辦理Check in，看著一直站在櫃檯前要找老板的米蘇，真不知道該說他是貼心還是調皮。因為我們來時正好是淡季平日，所以Grace主動幫我們升級為四人房，還說：「這樣空間比較大，狗狗住起來也比較舒服！」因此，我們便開始享受這突如其來的禮物！

❤DATA

●評估指數 ▌▌▌▌▌▌▌▌▌

😊 **玩樂心得**

人潮出現指數：🦴🦴
孩童出現指數：🦴
體力消耗指數：🦴🦴🦴
適合帶狗指數：🦴🦴🦴🦴🦴

民宿主人本身也養狗，且愛帶狗旅行，因此更了解狗主人的需求。民宿主人給帶狗旅行的旅客們方便，而我們也要尊重民宿主人，將房間與環境保持乾淨喔！

✉ 屏東縣恆春鎮南灣路862巷98號
📞 0988-089816（Grace）　📶 適合帶狗住宿指數：★★★★★
➡ 國國道3號南州交流道下，接台1縣，過楓港後接台26縣
到達國境之南，經過古色古香的恆春鎮後繼續一路向南而馳，會經過左邊兩個速邁樂加油站，在第二個左邊加油站旁邊看到月光邊境的招牌就往小路彎進去，沿著小路旁的指示牌約2分鐘就到了

經緯度

21.978767,120.753619

很奇怪吧，不是說四人房，怎麼只有一張床？你們有看過四人房裡還有隔間的嗎？月光邊境利用巧妙的空間設計，給予兩張雙人床自己的空間，雖然說是四人房，但大家還是可以保有自己的隱私呢！

擁有陽光活力與浪漫情懷

白天與晚上的月光邊境有著完全不一樣的風情。晚上有著浪漫情懷；而白天則充滿陽光與活力！民宿外有片草皮，是讓狗寶貝們可以自由活動的地方，同時也是讓狗主人交換養狗經的好地方，原本不認識的陌生人，總是因為狗兒們有著聊不完的話題。

不用趕早班車，不用擠捷運，不用趕著買早餐上班，一起床就可以吃著月光邊境準備的早餐，然後看狗狗在草地玩耍，真幸福！如此優質的環境，難怪短短時間內便成為狗友們口中的第一民宿。

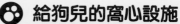

🐾 給狗兒的窩心設施

洗狗槽

月光邊境裡，一共設了三座洗狗槽，讓主人最後一天可以把狗狗洗得乾乾淨淨並曬乾後再出發回家，相當貼心！

1 夜晚的月光邊境色彩繽紛
2 正在幫我們Check in的貼心小孩
3、4 一人份早餐，飲料有豆漿、
　　 紅茶跟果汁任選
5 三隻寶貝一同在草坪上朝我跑
　 來，好感動
6 這排有陽台的房間都可帶寵物
　 住宿
7 可愛的民宿駐店犬，左起為豬妹、A登與斗妮
8 每天都在墾丁打打鬧鬧，很幸福
9 升級後的四人房

為什麼每次被欺負的都是我啦～

第二天

第⑤站

YES！這次丟得超級遠的～

潔淨海域的生態保育區
星砂灣

1

星砂灣位於後壁湖海邊，有著墾丁最潔淨海域之稱，是由星砂與貝殼沖積而生的灘岸，被墾管處列為生態保育區，是在地人才曉得的私房景點。吃完月光邊境提供的活力早餐後，馬上就前往星砂灣玩水吧，墾丁一年四季溫度都偏高，什麼時候玩水都適合。奔跑吧，孩子們！這裡沒有髒亂、嫌棄和其他人異樣的眼光，只有許多關愛的眼神！這裡此時此刻，就是屬於你們的玩樂天堂。

對於愛狗的人來說，擁有自己的狗狗眞是件愉快的事，她讓我學會什麼叫「無償的付出」，就像父母對子女的愛，讓我預先感受當父母的辛苦！這眞的很難，我們透過工作換取金錢過生活，交男朋友或嫁老公當然會希望另一半會是個好男人，世界上有太多太多的事，都等著「回報」，但唯有對狗兒的照顧是不求回報的，所以，好好珍惜上帝送給我們與狗寶貝之間十幾年的時光禮物吧！

2

3

我撿回來了！
4

1 瞧蜜阿拔把玩具丟得多高多遠
2 這兒也是月光邊境超級推薦的私房景點
3 星砂灣海邊旁有免費水管可使用，設備完善
4 將爸爸愛心從大海中撿回的貼心寶貝

●評估指數

人潮出現指數：
孩童出現指數：
體力消耗指數：
適合帶狗指數：

☺玩樂心得

星砂灣的港口內沒有海浪與臭油味，游泳起來更加安心，來過多次的我們都好喜歡這個地方，它目前還是個沒被大量觀光客湧入的小沙灘。趁著還沒有人知道時，盡情地享受它吧！另外請盡量靠路邊停車，因為海堤會有大型車出入。

♥DATA

✉ 屏東縣恆春鎮南灣路388號附近
🕐 全天
➡ 國道3號南州交流道下，走台1縣，過楓港後接台26縣，從後壁湖海世界半潛艇旁的小路右轉，往中油加油站方向走就可到達

經緯度

21.942926,120.745111

第**⑥**站

很明顯的分成兩國在玩

墾丁最大牧草種植區
籠仔埔草原

離開星砂灣，繼續在鵝鑾鼻沿佳鵝公路北上，沿途一望無際的草原平舖於珊瑚礁之台地上，籠仔埔草原位於風吹沙停車場北邊的上坡路段，可以說是墾丁最大片的牧草種植區，風一吹來猶如在一片綠江中漂流，大片草地相當美麗。

籠仔埔草原是從風吹沙的一條小路開進來的，不過路況很差，因為靠近風吹沙，所以這邊的風大而夾沙，所以眼睛非常不舒服，但是無論風有多麼強勁，似乎都對狗寶貝們都沒有影響，他們好像不怕眼睛會進沙，反倒是盡情的在風吹草偃的綠浪起伏中過癮的玩耍著。

這邊不只是狗，連人也都可以玩的很開心，草坪很乾淨，直接坐下或躺下都沒有問題，坐下來跟狗狗一起互動吧。第二天光是星砂灣與籠仔埔草原就可以快樂地玩一整天。晚上回民宿前還可以逛逛墾丁大街或是買些美味回民宿品嘗，在民宿的庭院裡享用，與民宿其他旅客們談論著養狗經，也是一件很輕鬆自在的事。

1 大家各玩各的也很開心　**2** 秋天與冬天風很大，要戴帽子保暖　**3** 進出草坪要爬欄杆　**4** 好難開的路呀

●評估指數 ||||||||||||||||||||||||||||||||

人潮出現指數：🦴🦴🦴🦴🦴
孩童出現指數：🦴🦴
體力消耗指數：🐾🐾
適合帶狗指數：🦴🦴🦴🦴🦴

😊 玩樂心得

由於之前許多吉普車都開進去輾壓草地，讓草地幾乎要被壓禿了，後來墾管處在前面設下路阻，禁止車輛進入，才讓草地能慢慢生長不被破壞，因此進來這邊要爬欄杆，狗寶貝們則可從欄杆下穿越。

◎DATA

✉ 屏東縣恆春鎮風吹沙停車場北邊

🕐 全天

➡ 國道3號南州交流道下，走台1縣，過楓港後接台26縣，約47公里處可以見到一個小岔路，循路進入即可看到一望無際的草原

經緯度

21.948698,120.837303

第三天

第7站

秋天的海邊都沒有人耶!

沙粒均勻,水質清澈

白沙灣

1

第三天一早,離開月光邊境後,可以到白沙灣玩沙。墾丁玩水的景點很多,但不知道為什麼,我們家偏偏就是特別喜愛白沙灣。每到白沙灣,平常正經嚴肅的豬豬就會化身為一隻瘋狗!所以每次來墾丁,為了讓豬豬渲洩平日壓力,我們必訪白沙灣。

白沙灣因沙粒均勻,晶瑩明亮,沙白水清而聞名。而且即使是冬天東北季風盛行時,海灣仍然是風平浪靜,非常適合玩水。或許是沙子質地踩起來很舒服,每次來到這裡的豬豬,總是像個小孩子一

樣衝來衝去的,而且沉浸在被浪追的快感上,他總是先站在沙灘上看著海浪,看到大浪過來時,馬上跑起來讓海浪追逐,玩得不亦樂乎!

連這裡的白沙都讓豬豬玩得很開心,玩到鼻子都皺起來,還一直想挖洞,總覺得他是在對沙子生氣,但是對沙子能生什麼氣呢?無論如何,每次挖完沙子的豬豬總是開懷大笑,平常憂鬱形象都蕩然無存!即然你們這麼喜歡這裡,那我們就每年都來吧!你們說好不好呀?

把不爽全部發洩出來!

2

阿母!好大的浪來了喔~

3

1 淡季時獨占白沙灣,好幸福
2 豬豬你跟沙子到底有什麼深仇大恨呢
3 每次來這兒都會玩瘋

●評估指數

人潮出現指數:🦴🦴🦴🦴
孩童出現指數:🦴🦴🦴
體力消耗指數:🦴🦴
適合帶狗指數:🦴🦴🦴

😊 **玩樂心得**

白沙灣沙灘入口多達四個以上,有些需要停車費,不喜歡被收取停車費的遊客,可以停在路邊或近一點的地方,再走進去白砂灣即可。白砂灣夏季真的是人擠人呀,一定要避開旺季來,才能感受到白沙灣的美好!

💙 DATA

✉ 屏東縣恆春鎮白砂路
🕐 全天
➡ 國道3號南州交流道下,走台1縣,過楓港後接台26縣,沿途有指標可達白沙灣

經緯度

21.934447,120.717580

第三天

第**8**站

文化資產豐富的工業遺跡

瓊麻歷史工業展示

瓊麻歷史工業展示館,是恆春半島少數的工業遺跡,因地屬偏僻所以容易讓人忽略,我們因當地人介紹才有幸可探訪這個景點,隨即發現這真是個帶狗兒一同參觀文化資產的好地方。

瓊麻歷史工業展示館分成戶外與數個室內展館,狗兒全區皆可進入,因為人潮少,所以得以依著參觀路線慢慢走,每個館都可以不受限的盡情參觀,園區除了介紹瓊麻的歷史之外,還有梅花鹿館,很值得參觀並了解牠們的故事。

獨享園區增添知識

整個園區不大,沒走多久就到達園區盡頭,但可以獨享環境的這一點,為此景點加分不少,因為在這裡不用被限制,所以狗寶貝們都很喜歡這裡。除了展示館,沿路也有植物的介紹,耐心慢慢看可得到很多知識,這裡真的很適合全家大小來走走。

墾丁的行程,就是這樣玩水、跑草坪、玩水、再跑草坪。瓊麻展示館參觀完後,如果還有時間,可以回到月光邊境,利用民宿貼心提供的洗狗檯,將狗寶貝們洗的乾乾淨淨後,再上車回溫暖的家喔!

原來這就是梅花鹿呀!

1 瓊麻歷史工業展示館的入口服務處
2 來!三隻小寶貝一起看這邊喔
3 梅花鹿館
4 位於園區最深處的草皮

DATA

● 評估指數

人潮出現指數:🦴🦴🦴🦴🦴
孩童出現指數:🦴🦴
體力消耗指數:🦴🦴🦴🦴
適合帶狗指數:🦴🦴🦴🦴🦴

😊 玩樂心得

參觀的人數不多,園區內環境維護得很好,裡面的工作人員對狗狗也非常友善,千萬別忘記將狗狗的排泄物隨手清理乾淨喔!

✉ 屏東縣恆春鎮草潭路2號
📞 (08)886-6520
🕐 08:30～17:00
➡ 國道3號南州交流道下,走台1縣,過楓港後接台26縣,遇南光路右轉,就到了瓊麻工業歷史展示區

經緯度

21.966868,120.744028

南部踏青好去處

嘉南平原,如其名就是一望無際的平原,因此嘉南地區有許多農場,而且大部份都歡迎帶狗狗一同來玩樂,現代農場都經營得有聲有色,環境非常棒且安全。而墾丁更是適合帶狗狗旅行的地點,每個主人一定都要有帶著狗狗玩遍墾丁的經驗呀

漫步榕園欣賞日式古蹟
成功大學

成功大學校本部位於台南市,由相互緊鄰的八大校區組成,另有安南校區、歸仁校區及斗六校區,總面積達180公頃。成大是一個很適合帶狗寶貝來散步的地方,由於是日式時代就建立,因此校內許多系館依舊保有日式建築且維護良好,牽著狗寶貝欣賞成大歷史古蹟的日式建築系館,同時還可以去看國泰人壽廣告中的大榕樹。大榕樹下很涼爽,旁邊大草坪則是狗狗可以奔跑的地方。

先讓狗狗在草坪上消耗一下

1

●評估指數

人潮出現指數:🦴🦴🦴🦴🦴
孩童出現指數:🦴🦴🦴🦴🦴
體力消耗指數:🦴🦴🦴🦴🦴
適合帶狗指數:🦴🦴🦴🦴🦴

😊 玩樂心得

人多的地方請務必上牽繩,注意不要影響到校園秩序喔!

♥DATA

✉ 台南市東區大學路1號　🕐 全天

➡ 1.南下:國道1號永康交流道下,右轉沿中正北路、中正南路(南向)往台南市區直行,中華路左轉,沿中華東路前進,於小東路口右轉,直走即可抵達

2.北上:國道1號仁德交流道下,左轉沿東門路(西向)往台南市區直走,遇林森路或長榮路右轉(北向),即可抵達

經緯度

22.998601,120.218443

旺盛的精力,之後就可以四處走走拍照,成大校園內有許多古蹟,搭配上光影,拍起來的照片效果極佳,尤其是成功湖畔,黃昏時在這裡拍攝的照片光線相當美麗。悠閒地散步在榕園中,可以讓人很放鬆,心情也好起來。

但是假日時榕園人比較多,若是想要找個人少的地方放狗狗自由奔跑,也可以到總圖前面的草地,這邊比較少人來訪。最後不妨在工學院大道上散步,享受一下校園濃厚的書香味,天氣好時,還會不時的看到松鼠穿梭在工學院大道上!

原來這就是哥哥姊姊與阿母以前生活的環境

1 光線優美的成功湖畔
2 日據時代保留至今的資源工程系館,也是小蛋的母校
3 工學院大道
4 難得成功的全家福照片
5 總圖前的區域除了成大學生之外,較無人所知,也是奔跑的好地點

附設溜冰場的寬廣草皮
小東公園

難得同心協力的兩兄弟

1

2

這裡有我成長的回憶

3

台南有很多公園都很適合帶狗出遊，且普遍占地都很大，其中離市區最近的就是小東公園。傍晚時小東公園總是聚集許多愛狗人士，帶著心愛的寵物來遛達，讓狗兒在廣大草皮上奔跑。狗兒散落公園各處，這邊聞一聞，那邊嗅一嗅，可愛的模樣很有趣，而主人也常常聚在一起聊自己的養狗經。

當小蛋還在台南念書時，小東公園是豬豬與牛牛最常玩耍的公園。以前小東公園簡直就是豬豬的天下，當時沒有人不知道豬豬的存在，所以每次回到小東公園，最開心的就是豬豬。小東公園這幾年來變

好多，以前一整片都是草皮，現在有一半則被蓋成了溜冰場，但沒人的溜冰場，倒是成為狗狗跑跑磨爪子的好地點。

小東公園的松鼠多而活潑，會在樹上跳來跳去，以前牛牛常常在公園看松鼠看一整個下午。即使離開台南7年多，每次牛牛一到小東公園，似乎所有回憶都會湧上她心頭，第一件事一定是找棵樹，靜靜地坐著等待松鼠出現。

1 豬豬米蘇一同對抗外敵
2 新建的溜冰場
3 豬豬回到熟悉的地方顯得非常開心

●評估指數 ‖‖‖‖‖‖‖‖‖‖‖‖‖

人潮出現指數：🦴🦴🦴
孩童出現指數：🦴🦴🦴🦴🦴
體力消耗指數：🦴🦴🦴
適合帶狗指數：🦴🦴🦴🦴

😊 玩樂心得

小東公園雖然位於市區，但還是適合狗狗來這邊奔跑，但下午開始就會有很多老人家來這裡聊天曬太陽，要注意狗狗不要影響到其他人。

🔻DATA

✉ 台南市小東路與林森路口　🕐 全天
➡ 1.南下：國道1號永康交流道下，右轉沿中正北路、中正南路(南向)往台南市區直行，中華路左轉，沿中華東路前進，於小東路口右轉，即可抵達
2.北上：國道1號仁德交流道下，左轉沿東門路(西向)往台南市區直走，即可抵達

經緯度

23.001202,120.225749

魯凱族原住民的觀光部落
茂林多納村

多納村位於高雄茂林最深處，是魯凱族原住民的部落。當地整個文化街道之營造，以魯凱族圖騰及庭院設計為主，搭配多納石板屋、民宿、多納溫泉等觀光據點，創造文化街道。要到多納村，需先經歷一段不好開的山路，距離約20公里，雖路程較遠，但沿途風景很美，讓人不知不覺忘記路程之遠！

1 往多納村的路上都是如此美麗的綠色隧道
2 這是我們家目前走過最長的吊橋
3 準備去走又高又長的吊橋
4 豬豬陪賴老爺一起挑選石板

以石板煎烤的石板烤肉

多納村不大，僅有一條小小的老街，居民多數為魯凱族，他們的生活主要是自給自足，假日在自家的門前搭起棚子做生意，村內以石板屋聞名，因此最多人賣的就是石板烤肉。先將帶皮的豬肉用石板煎烤，然後再用洋蔥大炒，味道極鮮美。除了在當地品嘗石板烤肉外，這裡也有販賣

石板，任何大小都有，可以挑自己想要的石板帶回家，之後也可以自己做石板烤肉！

偶爾帶著三隻小狗來逛逛小市集以及小學校也很不錯，看到很多當地的特色。從多納村往山下要回家的路上，會看到一座吊橋，也可停車下來走吊橋，吊橋的對面有讓狗寶貝們奔跑的地方！

要買石板
帶回家

●評估指數

人潮出現指數：
孩童出現指數：
體力消耗指數：
適合帶狗指數：

☺玩樂心得

進入多納里部落，請不要開車進入村莊部落，以步行的方式作部落巡禮。在未經過主人允許以前，禁止對室內的擺飾及傳統器物攝影。不得撿拾石板屋內的石板，帶回家當紀念品或烤肉板。

✉ 高雄市茂林區多納村
🕐 全天

➡ 國道3號屏東九如交流道下，經台3線到里港，轉台22線到高樹，由台27線往大津方向，經過大津橋至茂林區，從茂林區高132線進入多納里

◐DATA

經緯度
22.906689,120.677366

台灣最大的都會森林公園

高雄都會公園

高雄都會公園位於高雄市橋頭區與楠梓區交界處，是依據台灣地區都會區域休閒設施發展方案所規畫的區域型森林公園，高雄都會公園為2009年世界運動會23個比賽場館之一，進行飛行運動比賽，公園總占地面積95公頃，為台灣面積最大的都市公園。

設施豐富滿足不同的客群

經由狗友的介紹得知這裡，因而路過高雄時與朋友相約於此，行前我原本還在心裡暗忖：「不就是都會公園，有什麼好玩的呢？」但走訪後卻發現這裡意外地好玩極了。高雄都會公園比我想像的還要大，光逛完整個公園需花上一整個下午，園內有草坪也有樹蔭，平坦的草坪也是與狗寶貝玩球及拋接的好地方，不會玩你丟我撿的米蘇，竟然在

這裡小試身手成功！除了草坪外，公園內還有豐富且多樣的休閒遊憩設施，可提供不同年齡層遊客各種需求與服務，也是親子同遊的好地點。

媽～你看！我會撿球了！

胖子～來追我啊～

可惡！看我的厲害！

1 牛牛又在尋找小動物的身影
2 在一片大草坪中，狗狗變的好小隻
3 不會撿球的米蘇在這邊竟然開竅了

●評估指數 ▮▮▮▮▮▮▮▮▮▮▮▮▮▮▮▮▮▮

人潮出現指數：🦴🦴🦴🦴
孩童出現指數：🦴🦴🦴🦴
體力消耗指數：🦴🦴🦴
適合帶狗指數：🦴🦴🦴

😊 玩樂心得

高雄天氣炎熱，即便冬天也建議傍晚出遊較適合。

✉ 高雄市楠梓區德民路24號　🕐 全天
➡ 南下：國道1號至楠梓交流道（旗山、楠梓出口），下高速公路右轉旗楠路，沿旗楠路續行200公尺後右轉土庫一路，於土庫一路直行經德民新橋後接德民路，於德民路直行經過省道台一線，繼續往西直行約200公尺，左側為高雄監理處，右側即為高雄都會公園入口

◆DATA

經緯度

22.730272,120.314682

都市中的新興小叢林
千禧公園

屏 東市區內有一個千禧公園，是座新興的綠地公園，與過去大樹滿園的老式公園有著不同的景觀風貌，除了人行步道外就是碧綠如茵的草地，新栽樹木尚未完全長成，雖不能完全擔負遮陰納涼的重任，嫩綠的新葉低垂，卻與過往的行人親近很多，公園裡綠意盎然、小橋流水，營造出都市叢林中令人驚豔的美景。一般旅客並不會在屏東多加停留，往往直接路過衝往墾丁，這次我們家會來到這兒的目的是來探望之前由新屋收容所救出來的狗狗——七公主。

米蘇跟黑美人七公主同樣都是新屋收容所出來的小朋友，這天他們倆就在碧綠如茵的草地上成

1 是當地居民的聚會場所
2 大家都一起欺負米蘇
3 從收容所死裡逃生後，過得很幸福的七公主
4 兩個同是新屋收容所被認養的小孩，彼此格外惺惺相惜

為好朋友！看到米蘇跟七公主玩得那麼快樂忘我真的很感動，兩個差一點在收容所結束生命的小狗現在過得那麼幸福，認養來的狗兒也是可以如此快樂可愛。午後，整個千禧公園都充滿著我們與狗寶貝的歡樂聲。

大家怎麼都只欺負我一個

● 評估指數

人潮出現指數：🦴🦴🦴🦴
孩童出現指數：🦴🦴🦴
體力消耗指數：🦴🦴
適合帶狗指數：🦴🦴

😊 玩樂心得

公園裡遊客偏多，要隨時留意小狗們的動向喔！

✉ DATA

✉ 屏東市大連路、廣東路、自由路及勝利路
🕐 全天
➡ 國道3號長治(三地門／長治)交流道下，右轉台24線(中興路)，沿著台24線前進即可抵達

經緯度

22.678386,120.500799

占地最廣的國家公園大學
屏東科技大學

國立屏東科技大學位於屏東縣內埔鄉,有著「國家公園大學」的美稱,占地285公頃,是全台面積最廣的學校,校園內到處花團錦簇,經由就讀屏東科技大學的狗友推薦,我們來到校園裡的高爾夫球場跑跑。其實屏東科技大學內的草坪很多,但是高爾夫球場這兒的草坪並未緊臨馬路,又較隱密,狗寶貝們玩起來會比較安全,我們也會比較放心。

到了高爾夫球場,發現草坪整理得很乾淨,偶爾會有鳥停在草皮上,三隻狗寶貝總是等待時機,然後用力飛奔出去追鳥。到屏東旅行不知道要去何處時,可以牽著狗在屏東科技大學校園中散步也是很棒的享受呢!

另外園區裡的還有網球場與籃球場,但與草坪有一段距離且球場四周有鐵圍欄,因此運動與遛狗的人並不會互相干擾,也不用擔心愛玩球的小狗們去追別人的球了!

1 由熟悉路的學生帶路,我們才找到高爾夫球場
2 笑開懷的豬豬,表示他很喜歡這裡喔
3 米蘇體力旺盛,跑個不停

貼心小提醒
造訪野生動物須申請
屏科大裡有牧場和青青草原,還有野生動物收容中心,裡面有被棄養的紅毛猩猩、長臂猿、老虎、熊等200多隻野生動物,但造訪必須申請。校園內更有流浪狗收容中心,愛狗人可以來領養流浪狗喔。

歡迎到屏科大認養狗狗～

●評估指數

人潮出現指數:🦴🦴🦴🦴🦴
孩童出現指數:🦴🦴🦴🦴🦴
體力消耗指數:🦴🦴🦴🦴🦴
適合帶狗指數:🦴🦴🦴🦴🦴

😊 **玩樂心得**
屏東科技大學因為校地廣大,有些地區較偏遠且人煙稀少,要特別注意自身安全喔!

✅ **DATA**

✉ 屏東縣內埔鄉學府路1號
🕐 全天
➡ 1.國道3號屏東麟洛系統交流道下,接台1縣(屏鵝公路),經由內埔、老埤至屏東科技大學
2.國道1號高雄九如交流道下,接台1縣,經由鳳山、高屏大橋、屏東、內埔、老埤至屏東科技大學

經緯度

22.642769,120.609198

和狗寶貝的回憶錄

在這裡貼上你和狗狗們的親密照，記錄你們最珍貴的回憶

旅遊手札隨手寫

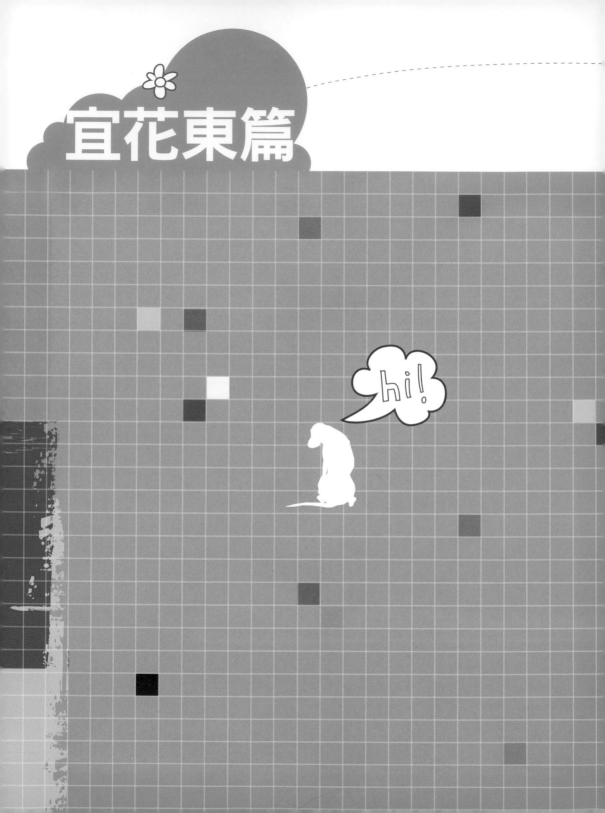

宜花東篇

瀑布溯溪賞景好風光

→ 宜蘭是小蛋的故鄉，生活那麼久從來
不懂它的美，但自從開始帶狗旅行
後，意外發現宜蘭有好多優質且以前
不知道的地點，也讓我重新愛上這生
活了20多年的城市。花東地區交通不
便，卻也因此保留好多自然美景，到
花東不需安排太多行程，用慢步調享
受在這的每一天！準備好了嗎？讓我
們搖晃到花東縱谷放空去吧！

我們這樣玩

建議停留1小時
龍潭湖

羅東運動公園

建議停留2小時
五峰旗

建議停留2小時

DAY 1
出發

建議停留2小時
水雲軒

DAY 2 建議停留1晚

返家

冬山河親水公園

建議停留1.5小時

傳藝中心

建議停留2.5小時

宜蘭風情 → 2日遊

環湖踏青看藝術

1 五峰旗

2 龍潭湖

3 羅東運動公園

5 傳藝中心

6 冬山河親水公園

4 水雲軒

豐富水潭的消暑勝地
五峰旗

五峰旗瀑布是礁溪境內最著名的風景點，由三層瀑布組成，氣勢磅礴的水流由峽谷奔流而下，形成多處水潭，水質清澈清涼，是非常消暑的休閒勝地。這邊，有著我小時候的回憶，很久沒來這邊玩，想不到這次來，竟然帶了三個毛小孩回來！若是夏天來，我們喜歡找下游的地方踩踩水，以避開人潮。

水質清澈可見蝌蚪

印象中的五峰旗，是個可以抓蝌蚪的地方，可是這幾年已經很難看到蝌蚪，但是水質依舊清澈見底。我們選的這區水較淺，相當適合小型犬跟我們家只愛踩水的

這裡的水域適合單純泡水，若要游泳則水深稍淺

狗兒玩耍，牛牛這天一直在水中跳來跳去，不斷地在水中自得其樂。而這種具有安全感的溪流，連一向最排斥玩水的米蘇都很願意下水。

雖然這天我們並沒有烤肉、也沒有夥伴及音樂，但有著狗寶貝們的笑容與自然清新的空氣，感受到簡單的幸福。此外，若家中的狗寶貝是喜歡深潭游泳的，五峰旗風景區內闢有三層攔砂壩，非常適合游泳戲水，一次可滿足全家人的多種需求喔！

一次滿足玩水與跑跑的雙重願望

●評估指數

人潮出現指數：
孩童出現指數：
體力消耗指數：
適合帶狗指數：

😊 玩樂心得

以前小時候這裡有好多蝌蚪，現在已經幾乎看不見了，大家一定要好好的愛惜我們的大自然，垃圾請隨手帶走，希望有天這裡能回到我小時候的模樣。

▽ DATA

✉ 宜蘭縣礁溪鄉五峰路
🕐 全天
➡ 國道5號頭城交流道下，左轉台9線往礁溪方向，行至礁溪路四段，見右方大忠路路牌右轉直走，經跑馬古道南入口處前，再直走至路盡頭即可抵達五峰旗風景區

經緯度

24.832961, 121.746039

第一天
第②站

五大湖中面積最廣闊
龍潭湖風景區

1

龍潭湖位於礁溪鄉龍潭村，距離宜蘭市區非常近，因交通便利，為昔日「蘭陽十二勝」之一，三面環山，面積約17公頃，是宜蘭五大名湖中面積最大者。龍潭湖很方便之處在於停車場旁就是草坪，不用走在危險的馬路上即可抵達，所以熱愛草坪的豬豬來到這邊，依舊照慣例是第一個為之瘋狂的小狗，在我還在車上拿東西時，他就先來來回回跑了好幾趟。牛牛雖然很懶，也很怕熱，但是也跟隨著豬豬腳步，賞臉跑了一下。

龍潭湖這邊，只有一條柏油路可以走，走完剛好繞湖一圈，基本上帶狗寶貝們來這裡行走還算安全，環湖道路的車子不多，大部分都是來行走的人，但還是建議牽好狗寶貝，環湖步道其實僅約2.8公里，一路皆為平路，走起來很輕鬆。

湖區仍保留了原始自然的風味，循著環湖道路悠然漫步，兩旁綠樹垂蔭，頗為詩情畫意，偶出現一隻黑白小花狗在這湖畔旁趴著休息，也為寧靜的山光水色增添不少喜感！龍潭湖在氣候涼爽時，很適合帶狗狗來跑跑走走呢！

1 融入這裡的牛牛小花狗
2 猜猜誰跑贏
3 每次下車後，都三個相約跑好遠
4 好像一幅畫

2

我不會輸的！

3

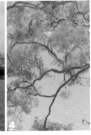
4

●評估指數 ‖‖‖‖‖‖‖‖‖

人潮出現指數：🦴🦴🦴
孩童出現指數：🦴🦴🦴🦴
體力消耗指數：🦴🦴🦴🦴🦴
適合帶狗指數：🦴🦴🦴🦴🦴

😊 **玩樂心得**

環湖步道的旁邊，散落幾戶住家，這裡治安良好從住戶習慣不關門可知！所以要特別注意不要讓狗狗擅自跑進民住家！

❤ **DATA**

✉ 宜蘭縣礁溪鄉龍潭村龍潭湖
🕐 全天
➡ 國道5號頭城交流道下，左轉台9線往宜蘭方向，右轉宜192線（大坡路），直行約4.5公里沿龍潭湖指標右轉800公尺即抵達

經緯度

24.795444,121.740415

依山傍水的美麗新世界
羅東運動公園

羅東運動公園歷經多年的精心營造，展現獨特的風貌，是個被草坪與綠水環繞的美麗世界，一向偏愛草坪的狗兒們，當然愛極了這地方，抵達安全的地方後，解開牽繩馬上便是一陣狂奔！來到羅東運動公園，不能只待在同一處草坪玩耍，絕對要到處走走，看看四處風景！這裡的美非三言兩語能說明，一定要靠自己的雙眼去感受。

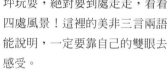

你追我跑的狗鴨大戰

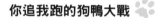

羅東運動公園的湖裡有許多鴨子與鯉魚，可以買飼料餵魚。但千萬要留意，若一不小心就會像我家的牛牛一樣，噗通跳下水追鴨子，回家不但要洗澡，還會不時聽到身邊傳來「唉唷，你看那隻狗好好笑喔，在追鴨子耶！」

或是「哇哈哈，那隻花狗晚上想吃烤鴨厚！」之類的話，當下讓我害羞的想要挖地洞把自己埋起來。

這兒讓狗寶貝們自然散發出滿足又愉快的笑容，也讓平常乖巧的狗兒大解放，玩得全身沾滿草。看著狗寶貝們開心地把自己身體玩的髒兮兮，全身都是草屑，竟讓我覺得驕傲與滿足，因為我讓他們玩得開心，這大概是只有養狗人才會懂的心情吧！

不要再追來了～

鴨鴨不要跑！

1 占地廣闊的羅東運動公園
2 玩得全身又是水又是草
3 豬豬開心地穿著泥巴襪
4 好多觀眾在看牛牛追鴨子呀

●評估指數 ||||||||||||||||||||||||||||

人潮出現指數：🦴🦴🦴
孩童出現指數：🦴🦴🦴
體力消耗指數：🦴🦴
適合帶狗指數：🦴🦴🦴🦴

😊 玩樂心得

請抱著回家一定要幫狗兒洗澡的決心前來，因為一不小心，小狗就會噗通跳進湖內追鴨子囉！

❤DATA

✉ 宜蘭縣羅東鎮公正路666號
📞 (03)954-1216
🕐 全天
🚗 國道5號羅東交流道下，至光榮路右轉上高架橋，下橋接純精路，右轉公正路，右轉四維路即可抵達羅東運動公園

經緯度
24.682429,121.756647

第4站

休閒寧靜的小木屋
夜宿水雲軒

水雲軒民宿主人說：「小木屋是絕對不會退流行的建築風格！」，因此水雲軒可帶寵物住宿的都是小木屋型式。水雲軒離冬山河親水公園很近，甚至旁邊就是冬山河的舊河道，來這裡不需要太多的行程安排，享受悠閒自在的氣氛就是最完美的度假方式。

水雲軒裡有三隻中型犬，都是民宿主人認養來的，我們住宿時，他們一直盯著仙草蜜看，似乎對阿蜜非常好奇，讓阿蜜一直不敢輕舉妄動，不過時間久了，他們也就不太理會阿蜜了。這裡除了狗狗之外也有可愛的貓咪，貓咪見過的世面很多，一點也不怕阿蜜。

民宿後面有一條小小的步道，可以帶狗寶貝們隨意走走散散步。水雲軒的房間並不大，但是整體空間很夠用了，而且也很乾淨整潔。門一開就可以遛小狗，相當方便。雖然民宿周圍連間超商也沒有，但也因如此，讓這裡顯得格外寧靜！如果真的想吃點東西，這裡離羅東夜市也只要約10分鐘的車程。

1 一開門就可以遛狗
2 民宿提供的清粥小菜早餐
3 與阿蜜散步去
4 安靜的夜晚，大家一早就熟睡了

●評估指數

人潮出現指數：🦴🦴
孩童出現指數：🦴🦴🦴
體力消耗指數：🦴🦴
適合帶狗指數：🦴🦴🦴🦴

😊 玩樂心得

水雲軒平日2,200元+寵物清潔費200元，雖然認同收寵物清潔費的民宿，但會以不收者為優先住宿。另外水雲軒因植物較多，所以晚上蚊子頗多。

♥DATA

📧 宜蘭縣五結鄉親河路一段180巷72弄11號
📞 (03)950-4275，0963-032760
🕐 全天
🛏 適合帶狗住宿指數：
★★☆☆☆
➡ 國道5號五結交流道下，經台7丙(中山路)，過利澤簡橋見台塑加油站後，第一個紅綠燈左轉，即可抵達水雲軒

經緯度

24.671733,121.818429

第二天 第⑤站

認識台灣的藝術文化風情
傳統藝術中心

第二天一早起來，看到宜蘭有著藍藍的天空與金色的陽光，還沒造訪過傳藝中心的我們，二話不說決定前往傳統藝術中心。台灣傳統藝術中心的「傳統」意味著歷史傳承的意涵，而「藝術」則是人類對生活的感觸所加以創造、並兼具美感的產物，當地利用台灣傳統藝術中心呈現該地的風俗民情、思想價值、宗教信仰及食衣

這兩父子的動作一模一樣耶，超有默契

住行育樂等現況。通常帶著狗兒們出遊的我，假日絕對不會想要到這種人多的地方呀，但若恰巧出遊時遇到平常日，一定要把握機會到假日不可能去的地方一趟，果然平日時的傳藝中心裡面人不多，可以很悠閒地參觀。

隨興奔跑欣賞復古建築

想要好好靜下心逛逛傳藝中心，首要的條件就是要先把三隻小狗操得累一點，於是我們決定先去傳藝中心的大草坪奔跑，讓狗兒們解放多餘的體力。看著傳藝中心的導覽地圖，輕鬆的找到大草坪的方向。傳藝中心的草坪經常整理，維護得極佳，平坦無凹洞，即使在上方狂奔也不用擔心扭到，跑累了、玩累了就隔著美麗的河流，隨興地坐在乾淨的草坪上欣賞對岸傳藝中心的復古建築。

在這兒美麗的背景下，輕易地就可以拍出令我

● 評估指數 ‖‖‖‖‖‖‖‖‖‖

人潮出現指數：🦴🦴
孩童出現指數：🦴🦴🦴
體力消耗指數：🦴🦴🦴🦴
適合帶狗指數：🦴🦴🦴🦴

😊 玩樂心得

傳藝中心裡幫忙拍照的人員，還會準備好多道具，例如會發出聲音的小手拍等等，各式各樣的道具會想辦法吸引狗寶貝們看鏡頭，非常專業，也讓狗寶貝們能有參與感，但園區也有部分室內空間禁止寵物進入，請特別留意！

🔽 DATA

✉ 宜蘭縣五結鄉五濱路二段201號
📞 (03)950-7711
💲 普通票150元，學生與縣民優待票100元
🕐 平日09:00～18:00，週日～五09:00～19:00
➡ 國道5號羅東交流道下，往五結方向，前行至傳藝路，由迴轉道左轉傳藝路，經傳藝大橋至台2縣左轉後即可抵達

經緯度

24.685471,121.823487

1 要先去大草坪消耗豬豬、牛牛與米蘇的體力囉
2 對岸靜看傳統藝術中心
3 跑了1個小時，三隻寶貝終於累了
4 傳統藝術中心內的老街

滿意的合照。有人說被我們養到的狗非常的幸福，但是在這一瞬間，其實最幸福的是我，那個有心愛狗兒們陪伴的我。第一次看到三隻狗寶貝有那麼喜愛的地方，也第一次感受到可以讓我跟賴老爺同時放鬆的所在，不知不覺在這裡待了好久好久。

傳藝老街挖寶留紀念

　　直到大家都玩累了不想動，才前往傳藝老街逛逛，由於狗寶貝們的體力也解放得差不多，所以帶著他們可以輕鬆的逛街。傳藝的老街很乾淨，也很有特色，非常推薦大家來此，這兒可挖掘到許多別具特色的東西。我們這天購票入場還有送鑰匙圈，可以拿著兌換券到傳藝裡的照相館拍照，園區會馬上幫你製作，更值得一提的是，可以帶寶貝們一起拍照製作鑰匙圈，讓我很滿意，這是很棒的傳藝中心之旅。

第6站

親近水擁有綠的開放空間
冬山河親水公園

1

若逛完傳藝中心還有時間，在往交流道的路上可以在冬山河短暫停留。冬山河親水公園的主題為「親近水，擁有綠」，將水與綠結合成開放空間，讓冬山河成為教育、觀光、休閒、遊憩的公園。而童玩節更是將冬山河的名氣打響，讓更多人了解宜蘭。

一到這裡狗兒們馬上結伴衝向河畔，當我以為他們要跳水時，他們卻一同佇足在岸邊，似乎談著彼此的心事，就這樣在岸邊站了超久！若是下午時刻來到這邊，可盡情享受黃昏的陽光，傍晚的太陽曬起來特別舒服，偶爾還有微風吹來。

冬山河似乎是個適合沉思的地方，米蘇這天反常地站在河邊駐足而不去奔跑，一副心事重重的樣子。但過不了多久，米蘇突然開始盧草，看他盧得那麼忘我，實在覺得又好氣又好笑，生氣的是，等等回家幫他們洗澡的還是我；好笑的是，他們盧草的動作都很有趣，看著看著心裡也浮起淡淡的幸福！在夕陽西下的時刻，結束快樂的宜蘭2日之旅。

2

我要讓我身上充滿香味～

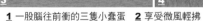

3

4

1 一股腦往前衝的三隻小蠢蛋　2 享受微風輕拂
3 也可以搭船遊河喔
4 米蘇這傢伙竟然趁我不注意去盧死魚，臭死我了！但對狗狗來說，身上沾滿這味道會讓他們覺得很威

DATA

☒ 宜蘭縣五結鄉親河路二段2號　☎ (03)950-2097

$ 全票80元，優待票60元，半票40元，宜蘭縣民、身心障礙者與陪同一人、身高110公分以下兒童免費

🕐 夏季：07:00～22:00
冬季：08:00～22:00

➡ 國道5號羅東交流道下，往五結方向，轉台2縣，再轉親河路續行即可到達冬山河親水公園

24.671039,121.812644

● 評估指數 ‖‖‖‖‖‖‖‖‖‖‖‖‖‖‖‖‖

人潮出現指數：🦴🦴🦴
孩童出現指數：🦴🦴🦴
體力消耗指數：🦴🦴🦴
適合帶狗指數：🦴🦴🦴🦴

☺ 玩樂心得

冬山河畔不時會有死魚出現，所以看到狗狗開始盧草要快阻止，不然就要像我一樣回家被臭一個星期，滿屋的魚腥味！

經緯度

我們這樣玩

建議停留2小時
太魯閣

西寶國小
建議停留1小時

建議停留1晚
夜宿采雲間

建議停留1.5小時
澳花

建議停留1小時
鯉魚潭

DAY 2 慕谷慕魚
建議停留3小時

DAY 1
出發

返家

荖溪小吃
建議停留1.5小時

花蓮瀑布 → 2日遊
跳水消暑,山間吃海味

1 澳花瀑布 澳花
和平

3 西寶國小
天祥

太魯閣 2
清水

蘇花公路 新城鄉
光復路

彩雲間 4
豐川
勝利
花蓮市

慕谷慕魚 5

鯉魚潭 6
華陣 吉安鄉

7 荖溪小吃

直瀑磅礴，水質清澈

澳花瀑布

若是打算走蘇花公路到花蓮，經過南澳時，一定要在澳花瀑布停留。澳花瀑布位於南澳鄉澳花村西北方向，約6公里的山谷中。還沒到澳花主瀑布前，山腳下就可以看到許多適合玩水的地點。一個地方的水質之清澈，由照片無法看出，須親自走訪才能親眼見到！

但是我們家有一個高等級的「水質測試師」，想要知道水質好不好，問他準沒錯！經過我長時間的觀察，我發現米蘇對水真的很挑！

水不乾淨的，死拖活拖他都不願意下水，一定要抱他下水；水質普通的，他會勉為其難的在岸邊踩踩；水質優良的，米蘇就可以接受水到他的胸口高度；水質極佳的，米蘇就算把臉整個放到水中也不怕！澳花的水乾淨到都可以看到魚在游來游去，我想，或許想要捕魚也是米蘇把臉放到水裡的原因之一，只是到底他有沒有抓到魚？到現在為止還是個未知數！

假日游泳消暑最樂活

這邊假日的時候，在地人也會帶著小朋友來這邊游泳消暑，這邊的小朋友以原住民居多，無拘束的小朋友對動物很和善，也會主動來找小狗們玩。這邊豐水期的時候，很適合小孩子跟狗寶貝們來玩耍，不用擔心踩不到地而害怕，這裡真的很適合戲水，讓我們至今對這裡仍難以忘懷。

1 山下猶如雪花船的溪水適合踏水
2 山上氣勢磅礴的瀑布區可以游泳

●評估指數 ||||||||||||||||||||

人潮出現指數：🦴🦴🦴🦴
孩童出現指數：🦴🦴🦴
體力消耗指數：🦴🦴🦴
適合帶狗指數：🦴🦴🦴🦴🦴

😊 **玩樂心得**

行經蘇花時，經過澳花，可以停車下來玩玩泡泡水清涼一下，這裡是很棒的一個小村落，若有機會與這裡的小孩互動，會發現他們很可愛，對小狗的接近度也非常高，一直想要找我們家三隻狗寶貝玩，純樸的個性很討人喜歡！

◆**DATA**

✉ 宜蘭縣南澳鄉澳花村　🕐 全天

➜ 國道5號雪山隧道由頭城交流道下，轉台2庚線，接台9線由漢本隧道至溪邊停車場，再攀爬步行蜿蜒山谷小徑約10多分鐘即可到達澳花瀑布

經緯度

24.366827,121.708145

前往壯觀的瀑布區

　　若山腳下的小溪流不能滿足需求的話，那就繼續往氣勢磅礴的瀑布區前行吧，約半個鐘頭就可抵達，沿路上皆是白石子水路，地上白茫茫一片非常美麗，伴隨左方傳來的潺潺流水聲，讓大人與狗兒都越來越興奮。瀑布區三面岩石，峻嶙堅壯，讓人有置身世外桃源之感，停車後往上走約20分鐘即可抵達。

　　雖然我們走訪時正逢枯水期，但這時候的澳花瀑布卻仍舊令人驚豔，走近時，我們都不免讚嘆其充滿氣勢，非常壯觀！澳花瀑布水質清澈涼爽，由於尚未全然開發，因而保有自然生態，走一趟瀑布之旅，想必一定能滌蕩人心、去除憂愁！來到這裡心情特別好，總是要待上兩個小時才甘願離開！心裡不斷驚呼～台灣真的好美！

1 這裡的水相當清澈
2 豬豬也愛這裡的清澈溪水
3 游吧～游吧～阿蜜小妞，今天這是專屬於你的瀑布
4 壯觀的澳花瀑布
5 徐小蛋家御用水質測試師──米蘇
6 豬豬太久沒玩水了，剛開始游得很僵硬

我包場

魚兒魚兒，快來給我吃呀～

…

相較後面2隻，牛牛游得好輕鬆

第②站

鬼斧神工的國家公園
太魯閣

我們也要吃～

太魯閣國家公園是台灣最早的國家公園之一，崖壁峭立，景致清幽，因而名列台灣八景之一。還沒到花蓮市區，可以先轉進中橫前往太魯閣，太魯閣沿路風光著實令人讚嘆不已，不斷訝異於它的鬼斧神工。原以為這段路程很遠，但是沿路上一直看風景、拍照，讓這條路走起來感覺瞬間短了不少！

途中找了個地方停車，讓狗寶貝們舒活一下筋骨！沒有特地尋找知名的景點停留，而是找一個自己覺得喜歡又可以放鬆的點，在光陰流逝中與美景中拍照，心情格外開朗。藍天跟白雲以及美景的交織下，剛在澳花瀑布泡完水的我，都舒服得昏昏欲睡。

看著狗寶貝們認真的模樣，不知他們是否也是在欣賞美景？尤其米蘇的脖子伸那麼長，應該是欣賞風景欣賞得特別認真吧！狗寶貝們表面上裝得好像很融入這風景裡，但其實在他們內心深處，再美的美景都比不上吃飯！這幾個沒格調的傢伙，竟然就在這裡開伙了！那我就帶你們到家裡頂樓吃飯就好了呀，幹麻特地跑來太魯閣吃飯？難道……在山中配美景吃飯，飯會比較香嗎？

● 評估指數 ▌▌▌▌▌▌▌▌▌▌▌▌▌▌▌▌▌▌▌▌▌▌

人潮出現指數：🦴🦴
孩童出現指數：🦴
體力消耗指數：🦴🦴🦴
適合帶狗指數：🦴🦴🦴

😊 玩樂心得

我們並未在太魯閣著名景點停留，而是沿路看到美景便停下來玩耍，這樣反而更有樂趣，也可避開人潮。

📧 花蓮縣秀林鄉
🕐 全天
➡️ 宜蘭往花蓮方向，沿台9線經由太魯閣大橋至新城鄉新城村，於新興路繼續走台9線到太魯閣

❤ DATA

經緯度

24.154246,121.622175

第5站

第一天

聽蟬鳴水流聲享美景
慕谷慕魚

第二天天還沒全亮，就買了早餐邊吃邊開往慕谷慕魚。慕谷慕魚(Mukumugi)緣自太魯閣族的譯音，有豐富的自然資源及秀麗風景，長久以來有「小天祥」的美稱，裡面的美與淨，讓人不羨慕也難。這邊尚未開發完全，所以山路有點難開。

沿路上往下看，可以看到一窟窟的深潭，綠水清澈到見底！即使距離水窟還很遠，但是就已經可以見底！可見這裡水質的清澈程度。沿路沒有停車

處，所以將車子開到底停好後往回走，走到一個看得最順眼的水窟，就可以準備玩水囉！

慕谷慕魚真的很美，可玩水的水潭也是分開的，所以幾乎是一個水域裡只會有一組人，不用擔心忍受別人的異樣眼光，可以放心帶狗一起玩，因此玩起來很安心，不用擔心打擾到別人。這麼美的地方，沒有來過一定會很遺憾，聽著蟬鳴，看著潺潺溪水，連在這裡發呆都別有一番風味，每次總是默默地希望每年都有機會來這清澈的深山水域玩個夠。

1 巨石與溪水構成一幅美麗景色
2 人與狗共同悠游
3 瞧瞧這河水，多麼令人難忘

● 評估指數

人潮出現指數：🦴🦴🦴🦴
孩童出現指數：🦴🦴
體力消耗指數：🦴🦴🦴🦴🦴
適合帶狗指數：🦴🦴🦴

 玩樂心得

慕谷慕魚有限定每天的入山人數，隨著知名度提高，有時7點半不到就已經全天登計額滿了，所以要來的人要早點到銅門派出所排隊登記喔！

✓ DATA

✉ 花蓮縣秀林鄉銅門村9鄰銅門65號(需在銅門派出所申請入山證)

📞 (03)864-1051

🕐 6點開始可申請入山證，每天有限定人數，越早來排隊申請越好

➡ 由花蓮市南下走台9丙線，行經吉安、壽豐，至「文蘭」後再銜接台14線，即可進入銅門村

經緯度

23.965240,121.494576

第二天

第❻站

隱藏在縣道旁的美味小店
茗溪小吃

1

玩了一個早上肚子餓的咕嚕咕嚕叫，一定不可錯過茗溪小吃！這是間低調隱身在台九丙上的小吃店，它位於一間廢棄的派出所旁，沒有華麗醒目的招牌，很容易被忽略！看到外觀絕對聯想不到這裡是間那麼優質的小吃店，透過當地朋友介紹，在品嘗過一次茗溪小吃的美味後，每次來到花蓮我必定會拜訪！

這裡沒有菜單，當天老板有什麼菜，客人就吃什麼菜，通常我們都是直接請老板娘幫我配，自己點菜如果不小心點太多，還會被老板娘阻止喔！有次我們作東請五個朋友去，跟老板娘說來幫我們配3,000元的菜，結果老板娘豪邁的說：「幹麻吃到3,000！1,500就夠了啦！吃不夠再點就好。」這麼有良心又珍惜食物的小吃店，套句廣告台詞：「揪感心ㄟ！」

會喜歡來這裡還有一個原因，就是豪邁的老板娘人很好，也很喜歡狗，她自己本身也收養了好幾隻流浪狗，所以很歡迎旅客帶狗狗一起來，而且這裡的位置安排不錯，帶狗用餐的話也不會影響到其他桌客人喔！

什麼時候輪到我們吃呀？

1 也很想分一杯羹的小狗們
2 很不起眼的店面
3 土雞肉是這裡固定的美食，雞肉非常嫩，每次都要嗑掉半盤
4 牛牛最後還是期待落空

●評估指數 ‖‖‖‖‖‖‖‖‖‖‖

人潮出現指數：	🦴🦴🦴🦴🦴
孩童出現指數：	🦴🦴🦴🦴🦴
體力消耗指數：	🦴🦴🦴🦴🦴
適合帶狗指數：	🦴🦴🦴🦴🦴

😊 **玩樂心得**

茗溪小吃每次吃到很撐大約都200～250／人上下，真的很便宜，只是若第一次前來，可能會嘆息這裡的隱密，通常只有熟門熟路的才會來用餐，沒吃過茗溪就不要說你到過花蓮！

DATA

✉ 花蓮縣壽豐鄉池南村5段82號(台九丙21.4公里處)

☎ (03)865-3720

🕐 10:00～19:00

➡ 鯉魚潭遊客中心台九丙往南4公里在右手邊，旁邊有個廢棄的派出所

經緯度

23.889451,121.511498

第二天 第⓻站

1

遊湖看山的絕佳風景區
鯉魚潭

在茗溪小吃吃得飽飽後，就可以準備起程回台北，茗溪下山的途中會經過鯉魚潭，此時就下車來散步一下消化剛剛吃的美食吧，也讓狗兒們解放一下以應付等會兒的長途車程。鯉魚潭位於壽豐鄉池南村鯉魚山腳下，距花蓮市僅18公里，是花蓮地區早期即頗負盛名的一處風景區。常有人把七星潭跟鯉魚潭拿來做比較，問花蓮當地人覺得那處比較美。每個人感覺不同，所以很難判定究竟那裡較美，但我個人比較喜歡鯉魚潭。

我們家真的好喜歡花蓮，雖然每年都會到花蓮多次，但不會讓我覺得無聊或無新意。反而讓我更愛花蓮的好山好水。愛花蓮的人不只是我，連豬豬、牛牛與米蘇都很喜歡！雖然每次來花蓮前都得先經過蘇花公路的顛簸山路考驗，但是每次一到花蓮就會覺得辛苦走這段路是值得的。在鯉魚潭旁綠地盎然的公園與狗寶貝們互相追逐一陣子後，帶著愉快的心情回溫暖的家。

2

3

1 指上涼亭可以眺望整個鯉魚潭　**2** 三隻狗兒非常融入花蓮環境　**3** 三隻小狗不知道在鯉魚潭旁想些什麼

●評估指數 ||||||||||||||||||||||||

人潮出現指數：🦴🦴🦴🦴🦴
孩童出現指數：🦴🦴🦴🦴🦴
體力消耗指數：🦴🦴🦴🦴🦴
適合帶狗指數：🦴🦴🦴🦴🦴

😊 玩樂心得

帶狗來也能踩天鵝船，不過這裡假日踩船的遊客較多，須互相禮讓才能玩得開心。

✉ 花蓮縣壽豐鄉池南村環潭北路100號
📞 (03)864-1691
🕐 全天
➡ 南下往台9號方向行駛，到達壽豐鄉後轉台9甲線過池南橋即可抵達

💙 DATA

經緯度

23.935307,121.508368

我們
這樣玩

建議停留1晚
夜宿柚子家

建議停留2小時
關山親水水利公園 ◀ DAY 2

建議停留1.5小時
卑大圳水利公園

建議停留2小時
砂婆礑

建議停留1小時
磯碕

建議停留1晚
夜宿都蘭來吹涼風

DAY 1
出發

返家

DAY 3 三仙台

建議停留2小時

花東
溪水 → 3日遊

戲水游泳吹海風

1 2
砂婆礑
柚子B&B

壽豐鄉

7
磯崎國小

玉里鎮

6
三仙台

3
關山親水公園 東河鄉

台東縣

5
都蘭來吹涼風民宿

4
卑大圳水利公園

台東市

第一天

第①站

野餐游泳戲水清涼一夏

砂婆礑
（花蓮水源地）

問花蓮人砂婆礑在哪裡，絕大多數的人會一臉疑惑，但如果問他們水源地在那裡，他們就可以熟門熟路的指引你。花蓮水源地乾淨無污染，加上嵐山、加禮宛山、七腳川山三面陡峭山勢包圍，形成山青水秀的自然美景，環境清幽，是夏天令人趨之若騖的清涼好去處！砂婆礑除了可以溯溪之外，也可以選擇在溯溪起點的攔砂壩戲水。這裡距離花蓮市區約10分鐘車程是距離花蓮市區最近的私房戲水景點，很多人們會帶著

狗寶貝來此游泳，同時也適合全家大小一起來這裡野餐。

這裡的水相當清澈，夏·天·愛·游·泳！有句話說：「再忙也要陪你玩個痛快！」就是我們現在的心情寫照。砂婆礑的水清澈到阿蜜這隻過動兒在這裡不斷的尋寶，但是到底能挖到什麼寶物呀？

阿木～～～我挖到寶物啦！

到底寶物是什麼呢？

給我換齣新戲來，老是撿石頭！

1 乾淨的溪水是花蓮最棒的資產　**2** 三隻狗兒非常融入花蓮環境　**3** 老梗

●評估指數 |||||||||||||||||||||||||||

人潮出現指數： 🦴🦴🦴

孩童出現指數： 🦴🦴🦴

體力消耗指數： 🦴🦴🦴

適合帶狗指數： 🦴🦴🦴🦴

😊 **玩樂心得**

若要到砂婆礑上游溯溪，必須事先申請入山證，而攔砂壩則位於砂婆礑溯溪的起點，是不需申請入山證的。另外攔砂壩這裡夏日天氣炎熱，遮陽處少，因此在大人們還沒被烤成人乾前，玩夠了就趕快撤退吧！

◇ DATA

✉ 花蓮縣秀林鄉水源村　🕐 全天

➡ 國道5號蘇澳交流道下，往台9號方向行駛，到達花蓮市後接建國路西行，循著「水源地」、「砂婆礑遊憩區」指標可至

經緯度

24.003870,121.557119

第❷站

「歡迎回家」的親切民宿

柚子家

民宿B&B的好處，就是可以讓旅客與主人成為好朋友，即使距離上次去柚子家住宿已經過了好一陣子，但彼此之間的聯繫卻不曾間斷。不同於一般的旅館，柚子家問候語不是「歡迎光臨」，而是「歡迎回家」，歡迎回到你在花蓮的家！柚子家裡的一磚一瓦，都是小羅與柚子親手張羅，沒有華麗的裝潢，卻充滿了許多屬於他們的故事。

我們住的單人套房，牆面裝飾是小羅與柚子的作品，作品線條簡單親切。單人套房裡，閱讀是唯一的語言，沒有喧鬧的電視，可以暫時與紛紛擾擾的世俗隔絕。

我依舊不習慣台北的快步調，果然還是這裡的慢步調適合我，這角落，也是我在房間裡最常待的地方。五顏六色的筆，盼你寫下曾經來過的記錄。柚子是個推行環保的人，因此來這裡住宿要自己帶牙刷，大家一起做環保，世界更美好！歡迎來到柚子家。

1 由男主人小羅一手打造的迎賓大廳
2 很有藝術感的室內空間
3 柚子家的招牌犬－三間仔
4 小巧的書桌，擺上我的筆記型電腦，剛剛好

●評估指數 ▏▏▏▏▏▏▏▏▏▏▏▏▏▏▏▏▏▏

人潮出現指數：🦴🦴🦴🦴

孩童出現指數：🦴🦴

體力消耗指數：🦴🦴🦴🦴

適合帶狗指數：🦴🦴🦴

😊 **玩樂心得**

因為柚子家的米格魯三間仔會怕狗，所以柚子家現在已經不接待大型犬，僅提供帶小型犬的旅客。

DATA

✉ 花蓮市北濱街43號　📞 0982-326090

🏠 適合帶狗住宿指數：★★★★☆

➡ 台9線過家樂福後，往花蓮市的方向沿著府前路南行，約 2 公里會遇到中正路，左轉(右手邊有燦坤3C)直行到底，左轉海濱街(這是往北的單行道)直行約500公尺，就可迴轉北濱街(這是往南的單行道)，柚子家就在你的右手邊

經緯度

23.975193,121.615158

第二天 第**3**站

充滿農村風光的環保公園

關山親水水利公園

1

花蓮到台東還有很長的一段距離，因此建議第二天可以早一點起床，早點收拾好便出發往台東。旅途中總會有驚喜，像這天在路上，就讓我們發現許多很棒的地方，例如，我們到了計畫外的關山親水公園。關山親水公園是全國第一座環保親水公園，它的成立讓偏處東台灣縱谷山區的關山鎮，成為全台知名的綠美化城鎮。意外到了這裡，發現這裡景致極美！忍不住拿出後車廂的折疊腳踏車，這裡也有提供租借腳踏車服務，不限時間100元／台。

停妥腳踏車，我們爬上了一個小山丘，登高望遠。但在小丘上，仙草蜜這隻笨蛋，來來回回滑了好幾次草！難道，狗狗也愛滑草嗎？

除了關山親水公園外，關山也有一條長達12公里的自行車道，是全國知名的休閒旅遊景點。在此可以享受輕鬆的踩踏單車樂趣，欣賞沿途景致優美的青山綠水、恬靜怡人的農村風光。

2

3

4

1 仙草蜜這回很乖，沒跳入那美麗的荷花池內。
2 可騎車繞關山親水水利公園
3 登小岳看關山全景
4 阿蜜又想下水玩了

●評估指數 ||||||||||||||||||||||||||||

人潮出現指數：🦴🦴🦴🦴🦴
孩童出現指數：🦴🦴🦴🦴🦴
體力消耗指數：🦴🦴🦴🦴🦴
適合帶狗指數：🦴🦴🦴🦴🦴

😊 **玩樂心得**

關山親水公園真的好美，若抵達這裡的時間接近中午，一定要買關山便當來吃喔！另外這裡沒有遮蔭處，要注意防曬及補水。

✉ 台東縣關山鎮隆盛路1號
💲 門票50元／人，停車30元
➡ 自台東市或花蓮市循台9縣南下或北上，均可至關山，至關山後即可看到指標

🕐 全天

經緯度

23.040240,121.172087

❤ **DATA**

第④站

生態多樣性的觀光景點

卑南大圳
水利公園

卑南大圳水利公園面積廣闊，且位於台東著名的小黃山及利吉惡地地形之間，呈現山水相互爭輝美景，所以台東縣政府毅然決然著手以生態多樣性的理念整理及修建，特別加強綠美化及休憩設施，讓卑南大圳水利公園成為台東市的旅遊觀光景點之一。

這裡有東南部熱情的陽光與涼爽的風。一聲令下，三隻可愛的寶貝們瞬間衝出去玩耍，他們快樂的心情全部真實的傳達給我。台東的地很大，人煙也很稀少，所以三隻狗寶貝們可以無拘無束地在草坪上聞聞跑跑，不怕有人打擾。

水利公園不僅占地大、草坪多，連池塘都很多呢！好險我們家三隻不愛玩水，不然我可能就要下水撈狗了！這裡真的好舒服，玩到不想回家，看到狗兒們的笑容，就覺得好滿足呀！這個公園還有許多相當具代表性的文化地景可以參觀，是個值得玩上一個下午的好地點。

> 怎麼會有那麼美的地方呀！

1 牛牛準備要攻擊米蘇，是老梗的遊戲
2 米蘇還在感嘆台東的美
3 豬豬率先玩瘋
4 蓮花池，愛玩水的狗狗可能會跳池玩水喔

● 評估指數 ‖‖‖‖‖‖‖‖‖‖‖‖‖‖

人潮出現指數： 🦴🦴🦴
孩童出現指數： 🦴🦴🦴
體力消耗指數： 🦴🦴
適合帶狗指數： 🦴🦴🦴🦴

😊 玩樂心得

盡情享受天氣晴朗的美好台東行吧。

❤ DATA

✉ 台東縣卑南鄉岩灣東側
🕐 全天
➡ 從台東新站前的北安路，前往利吉橋畔方向，就可以看到指標，找到卑南大圳公園囉

經緯度

22.803575,121.132106

第二天

第❺站

個人專屬的獨棟民宿
都蘭來吹涼風

來吹涼風是一間無意中發現的民宿，吸引我的是它網頁上的一段話，住宿注意事項的其中一條是「在路中間睡覺的狗，不要吵牠，繞過就好。」好溫暖的一句話喔！光看到網頁的文字，就讓我心頭流過暖流。

入住的時候是最熱門的旅行季，但來吹涼風的住宿價格卻很平實，老闆說這裡的房價從來都沒有變動，無論是假日或平日甚至是連續假日，一律都是2,000元/間。2,000元的民宿究竟如何？一進門，客廳內擺放著一個長餐桌，左方簾子後面便是房間，再往裡面走些就是衛浴間！是的，這樣一整棟小屋才2,000元，房間裡的配備也應有盡有！

屋內設備應有盡有

小木屋內有一個簡易的小廚房，可以在這裡開伙，除此之外，電鍋、烤麵包機、冰箱、飲水機以及碗盤一應俱全！但是要特別告訴大家的是，這裡沒有電視喔！因為來到這裡就是要享受放空的感覺，享受與家人聚在一起的感覺，因此民宿僅提供書籍以及CD，讓旅客可以一邊看書一邊聽音樂，同時聽著大自然的蟲鳴，極力建議來住這裡的人，可以帶上一本自己喜歡的

書，看書的同時有一隻小狗在旁邊熟睡到打呼，好幸福！

睡覺的地方很簡單，是架高的通鋪，但因為靠山邊，一年四季都很涼爽，所以房裡沒有冷氣。夏天晚上只要吹電風扇，就會令人冷到打顫，也就是這樣才命名為「來吹涼風」。

台東天亮得早，我終於可以看清楚我昨天走過的路，因為這邊完全沒有路燈，而且不好找，所以入住時是由民宿老闆拿著手電筒帶我們走進來，而房間鑰匙，也是掛在手電筒上，出入都要帶著手電筒！

享受最寬廣的自由空間

這裡一共有5棟跟我們一樣的小屋，每棟之間距離超過70公尺，因此老闆說：「帶狗來很方便喔！怎麼樣都不會影響到別人！」早晨一拉開門，就是奔跑時刻，去吧～小狗們，用力奔跑吧，這裡沒有人可以阻擋你們的快樂，可惜這天是陰天，若是有藍天有太陽的話三隻狗寶貝一定會玩得更瘋。

很不錯的環境，小狗們可以享有100%的自由！想休息一下嗎？那就來都蘭吹吹涼風吧！

這裡真的好隱密喔！

客餐廳在這裡～

3
4
5

1 民宿方圓百里內空無一物，十分清幽
2 享受自然，享受閱讀
3 早上才看清楚我們住的地方原來是長這樣呀
4 廚房兼客廳，應有盡有
5 非常大的房間，最多可睡到6人

●評估指數 ||||||||||||||||||||||||||||||||

人潮出現指數：🦴🦴🦴
孩童出現指數：🦴🦴🦴🦴
體力消耗指數：🦴
適合帶狗指數：🦴🦴🦴🦴🦴

😊 玩樂心得

這裡的衛浴方式很特別，有一座戶外的淋浴場，老板說晚上7點過後就不會有蚊子了，可以洗露天澡呢！但是這天好冷喔，所以我還是在室內洗，不然我還真的很想嘗試看看在戶外淋浴的感覺！

🔽 DATA

✉ 台東縣東河鄉都蘭村新社30之5號
📞 0935-987937，0912-145562
💲 2,000元／間，4,000元／棟
🛏 適合帶狗住宿指數：
　★★★★★
➡ 因為位置難找，所以老板會約在台11縣往台東152K處的水往上流處等待，再帶您到小木屋

經緯度

22.878985,121.219881

第三天

第⑥站

擁有沿海風光的離岸小島

三仙台

1

出發的時候是走台9線到台東，回程當然要走台11線，看看沿海風光。三仙台位於成功東北方約3公里處，典型的離岸小島，由珊瑚礁海岸構成一特殊景觀區，也是東海岸知名度最高和最熱門的旅遊景點之一，爲了方便遊客登島，三仙台建有一座多重拱形人行步道橋，因造型優美，已成爲當地地標。

對我們家來說很特別的是，三仙台可是我們賴老爺的故鄉喔！或許因爲太熟悉了，反而很少特地去玩。這次難得與狗友同行，才得以到三仙台這美麗的海邊一遊。同行的狗友LULU家一到三仙台，就迫不及待的玩起水來。

3

若狗兒不喜歡玩水，可以沿著三仙台附近的堤防散步欣賞海景，也是另一種享受。順道一提，這裡也是攝影家的最愛，三仙台因爲環境乾淨無污染，所以夜晚星空清亮可拍星軌，而且日出也非常美麗喔！

2

1 三仙台是個適合玩水及照拍的地點
2 若是狗兒不喜歡玩水，就跟我們一樣在堤防遠眺三仙台吧
3 怎麼玩都沒有人打擾

❤DATA

●評估指數 ▮▮▮▮▮▮▮▮▮▮▮▮

😊 **玩樂心得**

三仙台台區是自然保護區，請愛護自然生態，不採集任何動植物，以免觸法。

✉ 台東縣成功鎮三仙里
🕐 全天
➡ 於台11縣109.8公里處轉入續行，即可抵達

人潮出現指數：🦴🦴🦴
孩童出現指數：🦴🦴
體力消耗指數：🦴🦴🦴
適合帶狗指數：🦴🦴🦴

經緯度

23.122916,121.410856

第7站

沿著海岸路線散步玩沙
磯崎國小

磯崎國小是所非常可愛的小學，全校只有一個操場、一個球場與一棟校舍，雖然很小，但相信以前在這裡念書的學生一定很幸福，因爲學校的後面就是海。廢校已十多年的磯崎國小原本就已經年久失修，缺乏管理，於2010年時部分校舍又被剷平，但國小的海堤圍牆依然存在，仍然適合來此放鬆吹海風。

磯崎國小這裡有幾隻放養的狗狗，不會兇人與狗，所以繞過就好。牛牛很少狂奔，不過只要每次一踩到沙灘，她絕對會瘋狂奔跑，所以當我們

抵達磯崎海邊時，我們全家就先傻眼地看著牛牛狂奔一圈，她至少獨自狂奔了3分鐘之久，跑累以後，就直接趴在沙灘上休息，但臉上還是出現意猶未盡，想繼續狂奔的表情。至於牛牛爲什麼會那麼喜歡沙灘？這眞的是無解。

我們沿著海岸線散步，牛牛姊姊興奮地趴在一處沙子較高的地方看海，一副很想要下水踩踩的模樣，於是賴老爺溫柔的牽著牛牛的手，準備帶她去玩水。在磯崎海邊，我們結束了3天2夜的花東行程，又充滿電力可以回家繼續爲生活打拼囉！

1 圍牆後便是大海　**2** 好溫馨的畫面　**3** 跑累了就自己趴下休息

● 評估指數

人潮出現指數：🦴🦴
孩童出現指數：🦴🦴
體力消耗指數：🦴🦴🦴
適合帶狗指數：🦴🦴🦴🦴🦴

😊 玩樂心得

這個海邊人很少，旁邊又有學校草地，是很棒的景點，可惜垃圾多了點，希望大家能有公德心，一同維護美麗的海洋！

💙 DATA

✉ 花蓮縣豐濱鄉磯崎村
🕐 全天
➡ 台11線接近海巡署哨點，旁邊的小路下去，就可以看到荒廢的操場，操場後面便是磯崎海邊

經緯度

23.707453,121.547646

宜花東踏青好去處

東部地區的環境一直是大家所嚮往的居住天堂，若無法如願的在宜花東定居也沒關係，每隔一個月我們家就會開著車，前往宜花東來個小小的度假，以沉澱一下心情，悠閒怡然的東部生活步調，最適合帶狗狗們一起出遊的旅人了。

兼具多種設施的綜合運動場
宜蘭運動公園

「宜蘭運動公園」規畫為宜蘭縣綜合運動場，裡面擁有人工跑道及泳池各乙座，而園內除了各種符合科技化、實用化、國際化標準的運動設施外，尚有精心設計的大草坪、健康步道、休閒庭園、植栽景觀，是休閒與運動的最佳去

2

處。宜蘭運動公園雖然不比羅東運動公園大，卻讓人感到自在。外縣市來的旅客，在漫長的觀光旅程中，宜蘭運動公園是一處適合短暫歇腳、休息的好地方。

即使是正中

1

午前來也不用擔心，宜蘭運動公園的樹蔭可遮陽，極為涼爽。這裡有條長型的綠蔭大道，在這裡散步很舒服，也是個適合拍照與休憩的美麗地點！有著微風的午後，讓人忍不住趴起瞌睡來，找個舒服的地方，睡覺的睡覺、趴著的趴著、發呆的發呆。而狗寶貝們臉上的笑容，就是喜歡與滿足的最佳證明吧！

1 好像身在偶像劇場景內一般
2 宜蘭運動公園裡有著許多不同的戶外遊戲可玩

●評估指數

人潮出現指數：🦴🦴🦴🦴
孩童出現指數：🦴🦴🦴
體力消耗指數：🦴🦴
適合帶狗指數：🦴🦴🦴🦴🦴

☺玩樂心得

宜蘭運動公園裡還有一個老舊的復古火車頭，不妨來這裡拍照兼尋寶吧！

♥DATA

✉ 宜蘭市中山路一段755號
🕐 全天
➡ 從國道5號宜蘭壯圍交流道下，沿高速公路直行平面道路，上平面道高架橋，下平面道高架後從第3個紅綠燈右轉嵐峰路，直行到中山路左轉即可抵達

經緯度

24.740097,121.755180

170

五片花瓣的天然蓄水池

梅花湖

梅花湖為一個天然的蓄水池，昔日以大陂或鏡湖稱之，後來因發現其形狀似一朵五瓣花狀，湖中恰有一座小離島，儼然是一個梅花圖案，因此改稱梅花湖。這地區是很多人小時候的回憶，現在也變成我們的回憶。一個湖就在眼前，不能暢游到底，想必阿蜜也覺得無趣吧！

三面環山的梅花湖，有長約3公里的環湖公路，東岸湖中有一座吊橋，銜接環湖公路及湖心的浮島，佇立島上可俯瞰整個湖面。梅花湖比日月潭小很多，也比花蓮鯉魚潭小。跟碧潭的規模差不多，但比碧潭多了一股親切，少了一份商

1 通往中心小島的小吊橋
2 湖光山色
3 圖阿蜜只走了一圈，就好像很累的樣子
4 最近很夯的小熊書坊。

業化的感覺。最近很夯的小熊書坊就位在梅花湖旁，是吳淡如未來要送給女兒的成年禮，只要能控制狗狗在桌子下，不影響客人的大型犬也可以進入喔！除了在小熊書坊與附近的店家用餐外，也可以帶著餐點來這裡野餐，也是很享受的一件事呢！

● 評估指數 |||||||||||||||||||||||

人潮出現指數：🦴🦴🦴
孩童出現指數：🦴🦴🦴
體力消耗指數：🦴🦴
適合帶狗指數：🦴🦴🦴🦴🦴

😊 玩樂心得

有些人會開著車逛梅花湖，所以在環湖時一定要小心來車。

DATA

✉ 宜蘭縣冬山鄉得安村環湖路
🕐 全天
➡ 從國道5號羅東交流道下，往台9號方向行駛，轉台7丙線往三星方向行駛，過廣興國小循指標即可到達梅花湖

經緯度

24.642752,121.731094

宜花東戲水好去處

東部地區的水質幾乎不受污染，所以清澈見底，再加上占地廣大，適合戲水的溪流與水源地也很多，因此即使是眾人熟知的戲水地點，也不會有人擠人的狀況出現，所以主人與狗狗們都可以放鬆心情好好的享受東部地區大自然帶來的暢快感。

最適合活動的大型游泳區
松羅攔沙壩

「松羅部落」地屬宜蘭縣大同鄉，是台七線旁大同鄉醒目的地標。在進入松羅國家步道前，有一座松羅溪的大型攔砂壩，而這座攔砂壩，就是我們出遊最重要的目標！對喜歡游泳的狗寶貝們來說，似乎不分春夏秋冬，即使當寒流來襲也會想玩水，看到阿蜜的眼神透露出想活動筋骨的念頭，當家長的也於心不忍，於是，飛吧！飛奔到松羅游泳去！

想必阿蜜應該很開心，這裡的水質相當清澈！

1 爸比是玩你丟我撿的最好夥伴
2 今日的伴游是菜頭先生，口感很不錯

不曉得阿蜜在開心什麼，整池衝來衝去，咬菜頭先生(陪游玩具)時一臉狠勁！向來我們家都是這樣，阿蜜玩她自己的，蜜阿拔則在阿蜜需要他時負責幫阿蜜丟玩具，而蜜阿木我就拿著相機亂亂拍，不知不覺時光總是飛逝的特快。阿蜜要回家前又突然想起菜頭先生，又咬著菜頭先生衝上岸，這小妞在想什麼還真難懂呢！或許是因為來到這裡心情愉快，小孩子心性就冒出來了吧！

●評估指數

人潮出現指數：🦴🦴🦴
孩童出現指數：🦴🦴🦴🦴🦴
體力消耗指數：🦴🦴🦴🦴
適合帶狗指數：🦴🦴🦴🦴🦴🦴🦴

😀 玩樂心得

旁邊有一條松羅國家步道，有興趣又臂力夠強的話，可以帶狗順道走走。

❤DATA

✉ 宜蘭縣大同鄉松羅村(台7線97.7公里處轉入)

🕐 全天

➡ 台7線(宜蘭市往大同鄉方向)，經崙埤、玉蘭至松羅部落，過松羅溪上的橋樑後，右轉走堤防道路，隨著指標前行即可抵達松羅國家步道，步道入口即為攔沙壩

經緯度

24.673268,121.554126

174

人工建造的天然泳池
活水湖

哇嗚～水好乾淨好冷好涼喔！

可惡!我是不會輸的～

我是第一名

台東森林公園占地約300～400公頃,活水湖是其中最大的湖泊,也是人工建造而成的湖泊。因為環境優美、路況極佳,再加上水質乾淨,每年都會吸引協會在此舉辦台東活水湖鐵人三項比賽,替活水湖增添了許多活力。

活水湖可說是台東居民們的天然泳池,從中午開始到下午,都會有許多人來此游泳,其中不乏帶狗兒同游的飼主。人與狗在這裡都可以玩得很開心,游泳、奔跑都有很大的場地。

附帶一提,活水湖濱設有枕木棧道及長達1.7公里的單車道,可自己帶單車來騎,是個研究生態、賞鳥、散步的好去處。

1 活水湖全景
2 下水的階梯處
3 被賴老爺逼著玩水的哀怨小狗們
4 游完泳後一起在草地上跑跑曬乾

●評估指數

人潮出現指數：
孩童出現指數：
體力消耗指數：
適合帶狗指數：

😊 玩樂心得
這個地方不帶狗狗來玩實在是太可惜啦！

 DATA

✉ 台東市台東森林公園內
🕐 全天
➡ 國道五號(北宜高速公路),過雪山隧道中蘇澳交流道下往台9號方向行駛,到達台東市區接新生路,左轉中華路直行至中華大橋,續行至台東森林公園內即可依指標前往

經緯度
22.774942,121.147770

宜花東溯溪好去處

花東地區有著最美麗的溪谷，除了瀑布外也有深潭，因此來東部不能錯過的就是溯溪。現在許多業者都有推出適合帶狗狗溯溪的行程，甚至還會有狗狗溯溪教練來帶領，十分新奇又好玩，但溯溪一定要評估狗狗的身體狀況適不適合喔！

慕谷慕魚的招牌景點

彎月峽谷

帶狗出遊並不困難，甚至連溯溪都沒問題。彎月峽谷位於慕谷慕魚生態廊道中，是慕谷慕魚的招牌景點，由清水溪切穿大理岩所成的峽谷地形，其中一處彎曲的河段因一片形如彎月的岩石而得名。因為看了網路上的介紹與狗友們的推薦，清水溪是溯溪路線裡較簡單的行程，狗狗的可同行指數也高達四顆星，所以初次挑戰溯溪並帶狗同行的我們，決定找有經驗的教練帶我們征服彎月峽谷。

牛牛好棒！

下水前先暖身

到達溯溪下水點時要先做暖身操，牛牛剛開始還不知道什麼叫溯溪，渡河時還要賴老爺拉她，但是漸漸的牛

1 一開始大家都還不敢下水的時候，牛牛率先下水
2 拉拉助教沿路帶頭
3 看到牛牛在那裡了嗎

牛習慣了，自己玩得很嗨，也游得很好，我們在跳水的時候，牛牛也會看情況跟著跳水，超級可愛。

彎月峽谷真的很漂亮，水很清澈，風景如畫呀！這真的是很開心的一次溯溪之旅，也帶著你的狗狗來這清澈的溪水裡溯溪吧！

●評估指數

人潮出現指數：	🦴🦴🦴🦴
孩童出現指數：	🦴🦴🦴🦴
體力消耗指數：	🦴🦴🦴🦴
適合帶狗指數：	🦴🦴🦴🦴

😊 玩樂心得

若認識當地人可引領溯溪，可玩到很多特別的東西，推薦「生活就是」的景文教練，他們養了一隻拉拉，這隻拉拉也是溯溪教練之一！

♥ DATA

✉ 花蓮縣秀林鄉銅門村9鄰銅門65號(需在銅門派出所申請入山證)

📞 (03)864-1051

🕕 6點開始可申請入山證，每天有限定人數，越早來排隊申請越好

➡ 由花蓮市南下走台9丙，行經吉安、壽豐，至「文蘭」後再銜接台14線，即可進入銅門村

經緯度

23.965240,121.494576

和狗寶貝的回憶錄

在這裡貼上你和狗狗們的親密照，記錄你們最珍貴的回憶

旅遊手札隨手寫

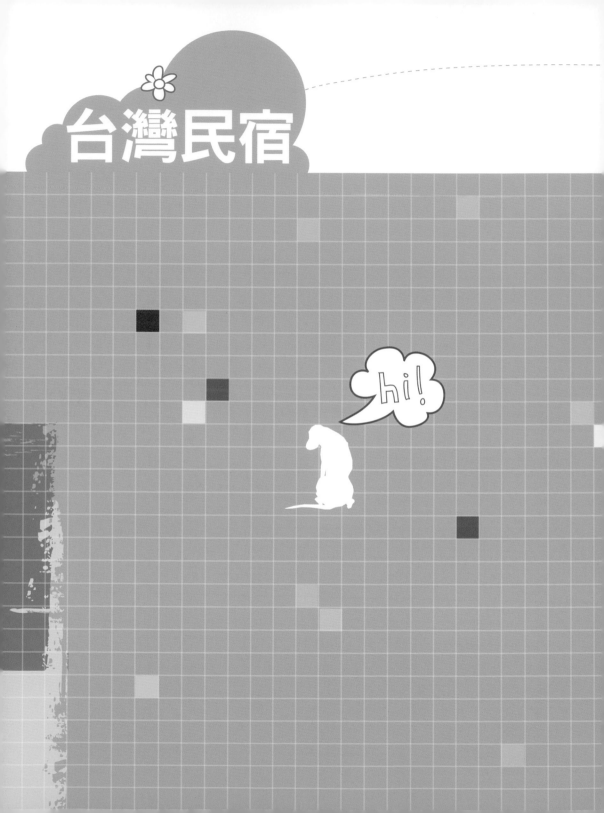

狗兒暢行無阻遊台灣

→ 隨著越來越多人將寵物當成家人後，
很多人開始帶自己的寵物出門旅行。
很多民宿體貼想帶狗旅行的主人的心
情，因此開放讓帶狗旅行的旅客入
住，但還是有些沒有公德心的主人，
導致這些民宿開始慢慢拒絕帶狗旅行
的旅客。所以希望大家能遵守民宿的
規定，讓帶狗旅行的我們，不再是被
經常被拒絕的族群。

彰化

民宿	電話	地址	備註
愛園民宿	(04)893-4567	彰化縣芳苑鄉草湖村二溪路草一段7-1號	

南投

民宿	電話	地址	備註
日月潭富豪群渡假民宿	(049)285-0307	南投縣魚池鄉日月村水秀街8號	
地球村農家民宿	(049)246-2052	南投縣國姓鄉北港村長北路128號	
梅庄休閒渡假中心	(049)246-2238	南投縣國姓鄉北港村長北路46號	木屋SPA湯屋
逸和園休閒渡假別墅	(049)272-2538	南投縣國姓鄉大旗村福旗巷59號	本園可攜帶寵物入住，但不可帶進房間
小太陽農莊	(049)289-9050	南投縣魚池鄉新城村通文巷9-5號	可包棟
雙湖渡假山莊	(049)264-3333	南投縣竹山鎮鹿山路571號	
陽光花園山莊	(049)280-3768	南投縣仁愛鄉大同村榮光巷50號	可攜帶寵物房間型式與設備和一般房相同，僅差別在地板是磁磚
茉莉屋	(049)280-1209	南投縣仁愛鄉大同村信義巷45號	
清境事外桃源	(049)280-3989	南投縣仁愛鄉大同村定遠新村38號	可線上刷卡訂房
清境新宿	(049)280-1167	南投縣仁愛鄉大同村榮光巷46號	
茲心園渡假山莊	(049)280-1376	南投縣仁愛鄉大同村榮光巷36號	如攜帶寵物者請於訂房時事先告知，可安排住宿於H區(景觀木屋4人房)
清境家園景觀山莊	(049)280-3988	南投縣仁愛鄉大同村仁和路206-2號	每間房限帶2隻寵物
清境娜魯灣渡假山莊	(049)280-3099	南投縣仁愛鄉大同村人和路206號	可線上訂房，櫻花2人套房、日出2人套房、獨棟3人套房、櫻花4人套房、溫馨4人套房、獨棟6人套房可開放攜帶寵物入住，請於訂房時告知，恕不接受臨時攜帶寵物住宿
清境峰情人文民宿	(049)280-1123	南投縣仁愛鄉大同村榮光巷46號	
雲上太陽田園民宿	(049)280-2668	南投縣仁愛鄉大同村仁和路210-6號	
白熊屋景觀民宿	0929-891498	南投縣仁愛鄉清境農場定遠新村30之1號	部分房型可以接受寵物住宿，每房以一隻為限
野百合溫泉會館	(049)280-1478	南投縣仁愛鄉春陽村虎門巷96號	
富嘉福爾摩沙山莊	(049)280-3318	南投縣仁愛鄉大同村仁和路223號	可包棟共4間2人套房，可住8人

瑪格麗特優質民宿	(049)280-3824	南投縣仁愛鄉清境農場信義巷39-1號	寵物請勿帶入客房內
箱根溫泉生活館	(049)292-0899	南投縣埔里鎮中山路一段62號	有特別為狗狗設計的溫泉SPA區，可以幫狗狗洗澡
星月心民宿	0975-633985	南投縣埔里鎮中山路一段425號	有分可帶寵物與不可帶寵物二種房型
Q-DOG可愛狗寵物民宿	(049)298-8177	南投縣埔里鎮東華路220號	為維護健康品質請勿讓寵物上床陪睡
水田衣藝術家民宿	(049)298-2022	南投縣埔里鎮水頭路77號	主人擁有三間民宿，其中水田衣藝術家民宿與認真生活民宿可以攜帶寵物，而藍屋頂民宿目前暫不開放寵物入住
自在居旅棧	(049)299-3278	南投縣埔里鎮南昌街280號	
認真生活民宿	(049)298-2022 0912-977962	南投縣埔里鎮中正路121號之10	主人擁有三間民宿，其中水田衣藝術家民宿與認真生活民宿可以攜帶寵物，而藍屋頂民宿目前暫不開放寵物入住
蛙堡歐式鄉村民宿	0933-559351	南投縣埔里鎮桃米里桃米巷4號	
鹿鼎莊	(049)275-0100	南投縣鹿谷鄉彰雅村凍頂巷10-18號	
溪頭和雅渡假園區	(049)275-2170	南投縣鹿谷鄉和雅村愛鄉路66-15號	
溪頭竹湖渡假小木屋	(049)275-0118	南投縣鹿谷鄉中正路三段708巷8號	沒有提供浴巾、毛巾與梳子，敬請自行攜帶

雲林

民宿	電話	地址	備註
石頭公園渡假山莊	0933-568097	雲林縣古坑鄉古坑村朝陽路1-287號	
禾園休閒民宿	(05)590-1667	雲林縣古坑鄉華山村77號	
望民宿	(05)582-4612	雲林縣古坑鄉永光村光華路167號	
名鎮咖啡民宿	(05)590-1808	雲林縣古坑鄉華山村華山1號之15	
茗豐休閒民宿	(05)590-1368	雲林縣古坑鄉華山路89號	
華億民宿	(05)590-1375	雲林縣古坑鄉華山村90號	可帶寵物、可以露營(只有清潔費，價格電洽)可容納30人左右

台南

民宿	電話	地址	備註
遇宿日租民宿	0981-844238	台南市金華路二段靠近台南水坪溫公園	可包棟，寵物清潔費200元
假日汽車旅館集團	(06)252-1666	台南市北區海安路三段678號	
塩鄉民宿	(06)786-2643	台南市北門區永華村井仔腳57號	本民宿備有免費盥洗用具，但為配合環保愛地球請盡量自行攜帶
綠驛商務汽車旅館	(06)250-3000	台南市海安路三段259號	
丞翔園農莊民宿	(06)685-4089	台南市白河區虎山里木屐寮78之6號	請自備盥洗用品(毛巾、牙刷、牙膏)
溪畔老樹山莊	(06)682-2093	台南市白河區關嶺里關子嶺35號	
關仔嶺‧楓丹白露溫泉休閒會館	(06)682-3333	台南市白河區關嶺里關子嶺71之3號	
景大渡假莊園	(06)682-2500	台南市白河區關子嶺56號(A區)	獨棟才能帶寵物，需要2,000元押金，確認無污損後可以退款喔
南元休閒農場	(06)699-0726	台南市柳營區果毅村南湖25號	

高雄

民宿	電話	地址	備註
人字山莊	(07)682-2159	高雄市美濃區民權路66之5號	個人盥洗用品請自備，代購每份20元(紙毛巾、牙膏、牙刷、香皂、洗髮乳)
旗山三合院民宿	0919-106412	高雄市旗山區廣福里中興街6號	可攜帶寵物，但必須事先以電話通知
色彩繽紛日租屋	0921-915277	高雄市三民區正忠路400號	另酌收1,000元押金(需自行清理便溺)
創意住宿元氣小屋	0922-658805	高雄市前鎮區新光路21號B棟	寵物入住須自行須攜帶寵物籠與負擔消毒費

屏東／墾丁

民宿	電話	地址	備註
雨後的彩虹	0982-766151	屏東縣滿洲鄉橋頭路51號	可包棟8人，寵物不可上床
三清道觀小木屋	(08)888-0268 (08)889-9589	屏東縣恆春鎮恆南路132-1號	便宜，但設備較老舊
羅克阿舍	0911-777558	屏東縣恆春鎮水泉里樹林路6號之1	寵物限4隻內，不需外住，蔚藍側屋與楓紅閣樓寵物不宜進入，禁止寵物上床。可包棟，請自備牙刷與毛浴巾

福爾摩沙牧場	(08)888-0580	屏東縣恆春鎮龍泉路1號	寵物可進入雙人房，4人房寵物需睡在房外陽台，請房客自備個人盥洗用品
藍海灣坊舍	(08)880-986	屏東縣恆春鎮龍泉路63號	
東風獨棟庭園民宿	0910-788897	屏東縣恆春鎮東門路2巷13號	若有攜帶寵物勿必事先告知，並將排泄物清理乾淨、勿讓寵物破壞花木及隨地大小便喔
墾丁南灣渡假飯店	(08)888-0123	屏東縣恆春鎮南灣路10號	特定房型可攜帶寵物進房，請先來電預約
小漁人旅店	(08)889-1677	屏東縣恆春鎮南灣路220號	
A-WU民宿	(08)888-2326	屏東縣恆春鎮南灣路266號	寵物可入住，但6人房除外
藍與白美宿館	(08)889-8689 0928-847195	屏東縣恆春鎮南灣里南灣路320號	攜帶寵物者，請將寵物安置於寵物房間
墾丁瑪沙露湖畔旅館	(08)888-0789	屏東縣恆春鎮南灣路649號	
柚'z pomelo	0932-356625	屏東縣恆春鎮南灣路850號	
小棧民宿	(08)889-7075	屏東縣恆春鎮南灣路861號	
月光邊境	0988-089816	屏東縣恆春鎮南灣路862巷98號	
浪人の家	0937-555599	南灣的小山坡上	
Hi-9民宿	(08)888-3927	屏東縣恆春鎮省北路40巷1弄9號	
上仁民宿	(08)888-3490	屏東縣恆春鎮省北路二段93號	
墾丁寵物民宿·哈cheese	0919-357189	屏東縣恆春鎮恆公路1012巷20號	房間內可攜帶大、中、小型犬，但主人請特別注意，勿讓狗狗上床
新芽民宿	(08)889-9127	屏東縣恆春鎮大埔路48號	目前只開放1樓讓寵物入住，可包棟
天空森林	0988-010111	屏東縣恆春鎮墾丁里社興路3號	
媚海旅店	(08)885-1580 0982-978597 0938-176557	屏東縣恆春鎮船帆路704號	
澄之灣休閒民宿	0926-766698	屏東縣恆春鎮墾丁路潭仔巷21-1號	
南夏旅店	0982-342377	屏東縣恆春鎮墾丁路和平巷59號	僅提供洗髮精、沐浴乳，其他個人衛生物品請自備
戀戀白砂 La Villa	(08)886-7855	屏東縣恆春鎮白沙路30-2號	
墨風	0975-365136	屏東縣恆春鎮鵝鑾里坑內路55巷12號	
海洋玫瑰	0935-664838	屏東縣恆春鎮鵝鑾里船帆路247號	

宜蘭

民宿	電話	地址	備註
英格蘭汽車旅館	(03)928-2288	宜蘭市中山路五段127巷6號	
紘冠溫泉飯店	(03)987-3388	宜蘭縣礁溪鄉德陽路140號	
美嘉美大飯店	(03)988-2937	宜蘭縣礁溪鄉德陽路150號	溫泉飯店，可線上訂房
四季園(四季二館戀戀房)	(03)923-1733	宜蘭縣礁溪鄉二結村二結路28-1號	攜帶寵物可入住戀戀房(10公斤以下)
英仕山莊	(03)980-1701	宜蘭縣大同鄉英士村泰雅路三段21巷1號	可線上訂房，攜帶寵物居住小木屋房型
葫堤園民宿	(03)922-2966	宜蘭縣員山鄉深溝村深洲路10巷21號	木屋雙人房
宜蘭馬場民宿	0918-597977	宜蘭縣員山鄉內城村榮光路352巷33號	
樂狗堡	(03)989-8866	宜蘭縣三星鄉行健村三鄰光復路32-27號	可以跟狗寶貝在晚上一起睡覺
三星兩憶	0928-076466	宜蘭縣三星鄉大埔路32-5號	可包棟
品萱園	(03)989-9000	宜蘭縣三星大義路43-6號	
閒雲風亭	(03)937-0273 0988-380951	宜蘭縣壯圍鄉吉祥村壯五路6巷2之8號	可包棟，先告知有狗入住
蛙塘	0939-527550	宜蘭縣五結鄉錦草路139號	
若輕人文渡假旅館	(03)960-2255	宜蘭縣五結鄉新店路113號	可線上訂房
逗點休閒民宿	(03)950-8463	宜蘭縣五結鄉協和村親河路2段103巷1弄6號	
水雲軒	0963-032760	宜蘭縣五結鄉親河路一段180巷72弄11號	只有開放1間小木屋
晴天娃娃民宿	(03)950-4284	宜蘭縣五結鄉協和村親河路2段103巷1弄1號	基本包棟人數為20位
菁仔地民宿	(03)950-4431	宜蘭縣五結鄉協和村親河路1段180巷72弄11號	包層，約35人
香格里拉農場	(03)951-1456	宜蘭縣冬山鄉大進村梅山路168號	可線上訂房
田野山莊民宿	(03)951-0461	宜蘭縣冬山鄉得安村4鄰鹿得路290號	
晴郁田園館	(03)960-5828	宜蘭縣冬山鄉武淵村珍珠一路287號	
旺樹園養生教育農場	(03)961-2888	宜蘭縣冬山鄉得安村環湖路62號	
童話村有機農場民宿	0932-090003	宜蘭縣冬山鄉廣興村梅花路300號	可包棟
寵物民宿	0927-129187	宜蘭縣冬山鄉柯林村境安一路156巷1號	可包棟
椿禾園民宿	(03)950-4858	宜蘭縣冬山鄉武淵村武淵一路6巷63號	
宜蘭貝殼屋	0937-245170	宜蘭縣冬山鄉鹿得路51巷31號	可包棟，先告知有狗入住

花蓮

民宿	電話	地址	備註
古井民宿	0920-021113	花蓮縣新城鄉大漢村古井街5號	
狗GO快樂民宿	0933-158888	花蓮市球崙二路52巷25號	
采雲間民宿	0912-242762	花蓮市建華路71號	寵物不可上床
五餅二魚看海民宿	0928-121897	花蓮市海濱街18號	**可線上訂房**
米崙海	0932-235380	花蓮市民權九街7號	可攜帶寵物,請事先告知
藍天白雲	0931-274118	花蓮市國盛二街9-3號	
柚子家B&B	0982-326090	花蓮市北濱街 43號	目前僅開放10公斤以下小型犬1隻
站前綠地	0938-027085	花蓮市豐村36之11號(近花蓮後火車站)	寵物住宿僅限帶1隻小型犬(5公斤以下)
南洋風情民宿	0918-170594 0910-190636	花蓮縣吉安鄉稻香村廣豐路83巷7號	(須同進出或鍊放置陽台)並預收押金500元,退房時無破壞、排泄物,500元退還
好所在民宿	0939-786596 (03)854-9640	花蓮縣吉安鄉吉安村吉昌二街170巷13號	
呼吸民宿	0932-654870	花蓮縣吉安鄉吉祥三街22-2號	為了寵物間的和平,呼吸一天只接待一組寵物為原則,基於環保請自備牙膏牙刷、刮鬍刀與小毛巾等
白陽山莊	0912-488328	花蓮縣吉安鄉南華村山下路258號	單獨將狗狗置留於房內者扣全額保證金1,000元
築園民宿	(03)846-6984 0963-002263	花蓮縣吉安鄉太昌村明義五街95號	
雲頂精緻民宿	(03)857-7366	花蓮縣吉安鄉太昌村16鄰山邊136-2號	寵物住宿可進房(不可上床、沙發)
海洋四季	(03)853-3978	花蓮縣吉安鄉海濱路一段39巷9號	可包棟
羊兒煙囪	(03)842-1807	花蓮縣吉安鄉南海九街11號	
閒雲居	0933-480290	花蓮縣吉安鄉東海六街195號	包棟(可住宿30人)
南海渡假花園	(03)842-2602 0935-588548	花蓮縣吉安鄉仁和村南海六街239號	
秘密花園	(03)842-3566	花蓮縣吉安鄉仁和村仁光80號	包棟僅限8人
干城小鎮	(03)853-8811	花蓮縣吉安鄉干城一街305號	中大型犬有限以下房型(浪漫、7人房、幸福、夢幻,蜜月可帶中人型犬)小型犬不限房型
東華八號	0912-514159	花蓮縣壽豐鄉平和村三區8號	免費供應一餐狗飼料

海明蔚民宿	(03)867-1088 (03)867-1362	花蓮縣壽豐鄉鹽寮村福德60號	可線上訂房
海揚農莊民宿	(03)865-4978	花蓮縣壽豐鄉溪口村廣玄1-1號(溪口國小後面)	請勿讓寵物上床
豐田安琪花園	0922-657860	花蓮縣壽豐鄉豐裡村豐正路一段65號	
生活就是villa(II館)	(03)822-6437	花蓮縣壽豐鄉池南村荖溪村荖溪49-1號	
海灣32行館	0932-743232	花蓮縣壽豐鄉鹽寮村大橋32號	
柏雲休閒農場	(03)861-1733	花蓮縣秀林鄉秀林村民治路75之4號	
荖萊居	(03)861-0199	花蓮縣秀林鄉秀林村民治路75-5號	寵物不可入房，房外有寵物專用休憩空間
走過虹橋民宿	(03)862-1328 0921-172136	花蓮縣秀林鄉崇德村三鄰210號	
聖地牙哥山海景日出民宿	0972-778331	花蓮縣豐濱鄉港口村石梯灣120號	
藍色珊瑚礁	0937-622339	花蓮縣豐濱鄉靜浦村三富橋58號	
半月灣	0911-861731	花蓮縣豐濱鄉磯崎村磯崎98號	
德德的家	(03)886-1900	花蓮縣富里鄉東里村安靜街6號	
漱石山居	(03)876-0815	花蓮縣鳳林鎮水源路89號	
黃家溫泉	(03)887-6629	花蓮縣瑞穗鄉瑞祥村北五路321號	
遠慮園	0988-345800	花蓮市濟慈路668號	退房時若發現床鋪上有寵物毛髮，加收清潔費300元，請遵守寵物須知規定

台東

民宿	電話	地址	備註
清水莊	(089)814-570	台東縣關山鎮新福路11號	
都蘭來吹涼風	0935-987937 0912-145562	台東縣東河鄉都蘭村新社30之5號	
鴨母寮豬哥窟	0955-118661	台東縣卑南鄉美農村11鄰萬萬5號	
野人山莊	0926-464567	台東縣卑南鄉萬萬1號	
利嘉181溫馨民宿	(089)512-720 0963-137987	台東縣卑南鄉利嘉村利民路181號	可攜帶寵物一同入住，但寵物不可入房
PASA海岸	0933-692445	台東縣卑南鄉富山村郡界51號	部分特定房間開放給寵物朋友
台東天晴	(089)385-042 0927-900900	台東縣卑南鄉泰安村泰安路486巷89號	
ㄚㄧㄚ旺溫泉渡假村	(089)515-827	台東縣知本溫泉村龍泉路136號	可線上訂房

肉骨頭寵物渡假小屋	0983-359362	台東市錦州街155號	
觀海	(089)349-105	台東市強國街19號	
3隻小豬民宿	0910-559157	台東市漢中街185巷86號	包棟(提供20人服務)
台東吉林YH青年旅舍民宿	(089)232-322	台東市吉林路一段2巷27號	

外島

民宿	電話	地址	備註
海洋密碼	0922-941553	屏東縣琉球鄉觀光港路22-7號	
田媽媽民宿	(08)861-1490	屏東縣琉球鄉杉福村13號	若有攜帶寵物同型請先告知
快樂寵物民宿	(08)861-4042	屏東縣琉球鄉上福村復興路36-3號	
小琉球海豚灣海景民宿	0963-147411	屏東縣琉球鄉三民路276號	
琉球賓館	(08)861-3281	屏東縣琉球鄉中山路231號	
小琉球地中海渡假民宿	(08)861-1007	屏東縣琉球鄉復興路161-9號	
17幸福	0917-451745 (08)861-4517	屏東縣琉球鄉中福村本漁路108號	
綠島賓島渡假村	(089)672-699	台東縣綠島鄉柴口61之1號	
統祥大飯店	(089)672-828	台東縣綠島鄉中寮村6之6號	
綠島小鎮民宿	0928-297517	台東縣綠島中寮村5鄰115之1號	
傻風旅店	(06)926-8183 0972-324012	澎湖縣馬公市文化路12-2號	
船屋民宿	(06)921-2368 0922-508589	澎湖縣馬公市石泉漁港	

台灣深度旅行007

台灣就該這樣玩 跟狗兒子縱情大自然：溯溪·露營·踏青·游泳

作　　者　　徐小蛋
攝　　影　　徐小蛋·蜜阿木

總 編 輯　　張芳玲
主　　編　　張焙宜
文字編輯　　邱律婷
封面設計　　何仙玲
美術設計　　何仙玲
地圖繪製　　何仙玲

太雅出版社
TEL：(02)2836-0755　FAX：(02)2831-8057
E-MAIL：taiya@morningstar.com.tw
郵政信箱：台北市郵政53-1291號信箱
太雅網址：http://taiya.morningstar.com.tw
購書網址：http://www.morningstar.com.tw

發 行 所　　太雅出版有限公司
　　　　　　台北市111忠誠路一段30號7樓
　　　　　　行政院新聞局局版台業字第五〇〇四號

承　　製　　知己圖書股份有限公司　台中市407工業區30路1號
　　　　　　TEL：(04)2358-1803

總 經 銷　　知己圖書股份有限公司
　　　　　　台北公司　台北市106羅斯福路二段95號4樓之3
　　　　　　TEL：(02)2367-2044　FAX：(02)2363-5741
　　　　　　台中公司　台中市407工業區30路1號
　　　　　　TEL：(04)2359-5819　FAX：(04)2359-5493
　　　　　　郵政劃撥　15060393
　　　　　　戶　　名　知己圖書股份有限公司

廣告刊登　　太雅廣告部
　　　　　　TEL：(02)2836-0755　E-mail：taiya@morningstar.com.tw

初　　版　　西元2012年11月01日
定　　價　　290元
（本書如有破損或缺頁，請寄回本公司發行部更換，或撥讀者服務專線04-23595819）

ISBN　978-986-6107-77-1
Published by TAIYA Publishing Co.,Ltd.
Printed in Taiwan

國家圖書館出版品預行編目(CIP)資料

臺灣就該這樣玩：跟狗兒子縱情大自然：溯
溪.露營.踏青.游泳 / 徐小蛋作. -- 初版. --
臺北市：太雅, 2012.11
面；　公分. -- (Taiwan ; 7)
ISBN 978-986-6107-77-1(平裝)

1.臺灣遊記
733.6　　　　　　　　　　　　101019296

-- (請沿此虛線壓摺) -

這次購買的書名是：

台灣就該這樣玩 跟狗兒子縱情大自然：溯溪‧露營‧踏青‧游泳

(Taiwan 07)

* **01** 姓名：＿＿＿＿＿＿＿＿＿＿ 性別：□男 □女 生日：民國＿＿＿＿＿年

* **02** 您的電話：＿＿＿＿＿＿＿＿＿＿＿＿＿＿＿＿＿

* **03** E-Mail：＿＿＿＿＿＿＿＿＿＿＿＿＿＿＿＿＿

* **04** 地址：□□□□＿＿＿＿＿＿＿＿＿＿＿＿＿＿

05 您的旅行習慣是怎樣的：
□跟團 □機＋酒自由行 □完全自助 □旅居
□短期遊學 □打工度假

06 通常在一趟旅行中，您的購物預算是多少(新台幣)：
□10,000以下 □10,000～30,000 □30,000～100,000 □100,000以上

07 您通常跟怎樣的旅伴一起旅行：
□父母 □另一半 □朋友2人行 □跟團
□親子 □自己一個 □朋友3～5人

07 在旅行過程中最讓你困擾的是：
□迷路 □住宿 □餐飲 □買伴手禮
□行程規畫 □語言障礙 □突發意外

09 您需要怎樣的旅館資訊：
□星級旅館 □商務旅館 □一般旅館 □民宿
□青年旅館 □搭配機票套裝行程的旅館

10 您認為本書哪些資訊重最要：(請選出前三項，用1、2、3表示)
□行程規畫 □景點 □住宿 □購物逛街
□餐飲 □貼心提醒 □地圖 □教戰守則

11 如果您是智慧型手機或平板電腦的使用者，會購買旅遊電子書嗎？
□會 □不會

12 如果您使用旅遊電子書，您最期待哪些功能呢？(請選出前三項，用1、2、3表示)
□地圖 □GPS定位 □交通 □住宿
□美食 □景點 □購物 □其他＿＿＿＿

13 若你有使用過電子書或是官方網路提供下載之數位資訊，真正使用經驗及習慣？
□隨身攜帶很方便且實用 □國外上網不方便，無法取得資訊
□電子工具螢幕太小，不方便閱讀 □其他＿＿＿＿＿＿

14 計畫旅行前，您通常會購買多少本參考書：＿＿＿＿＿＿＿本

15 您最常參考的旅遊網站、或是蒐集資訊的來源是：
＿＿＿＿＿＿＿＿＿＿＿＿＿＿＿＿＿＿

16 您習慣向哪個旅行社預訂行程、機票、住宿、或其他旅遊相關票券：
＿＿＿＿＿＿＿＿＿＿＿＿＿＿＿＿＿＿

17 您會建議本書的哪個部分，需要再改進會更好?為什麼?
＿＿＿＿＿＿＿＿＿＿＿＿＿＿＿＿＿＿

18 您是否已經照著這本書開始操作?使用本書的心得是?有哪些建議?
＿＿＿＿＿＿＿＿＿＿＿＿＿＿＿＿＿＿
＿＿＿＿＿＿＿＿＿＿＿＿＿＿＿＿＿＿

填表日期：＿＿＿＿年＿＿＿＿月＿＿＿＿日

-----(請沿此虛線壓摺)-----

| 廣　告　回　信 |
| 台灣北區郵政管理局登記證 |
| 北 台 字 第 1 2 8 9 6 號 |
| 免　貼　郵　票 |

太雅出版社　　編輯部收

台北郵政53-1291號信箱
電話：(02)2836-0755
傳真：**(02)2831-8057**
(若用傳真回覆，請先放大影印再傳真，謝謝！)

-----(請沿此虛線壓摺)-----

太雅部落格 http://taiya.morningstar.com.tw

有 行 動 力 的 旅 行 ， 從 太 雅 出 版 社 開 始